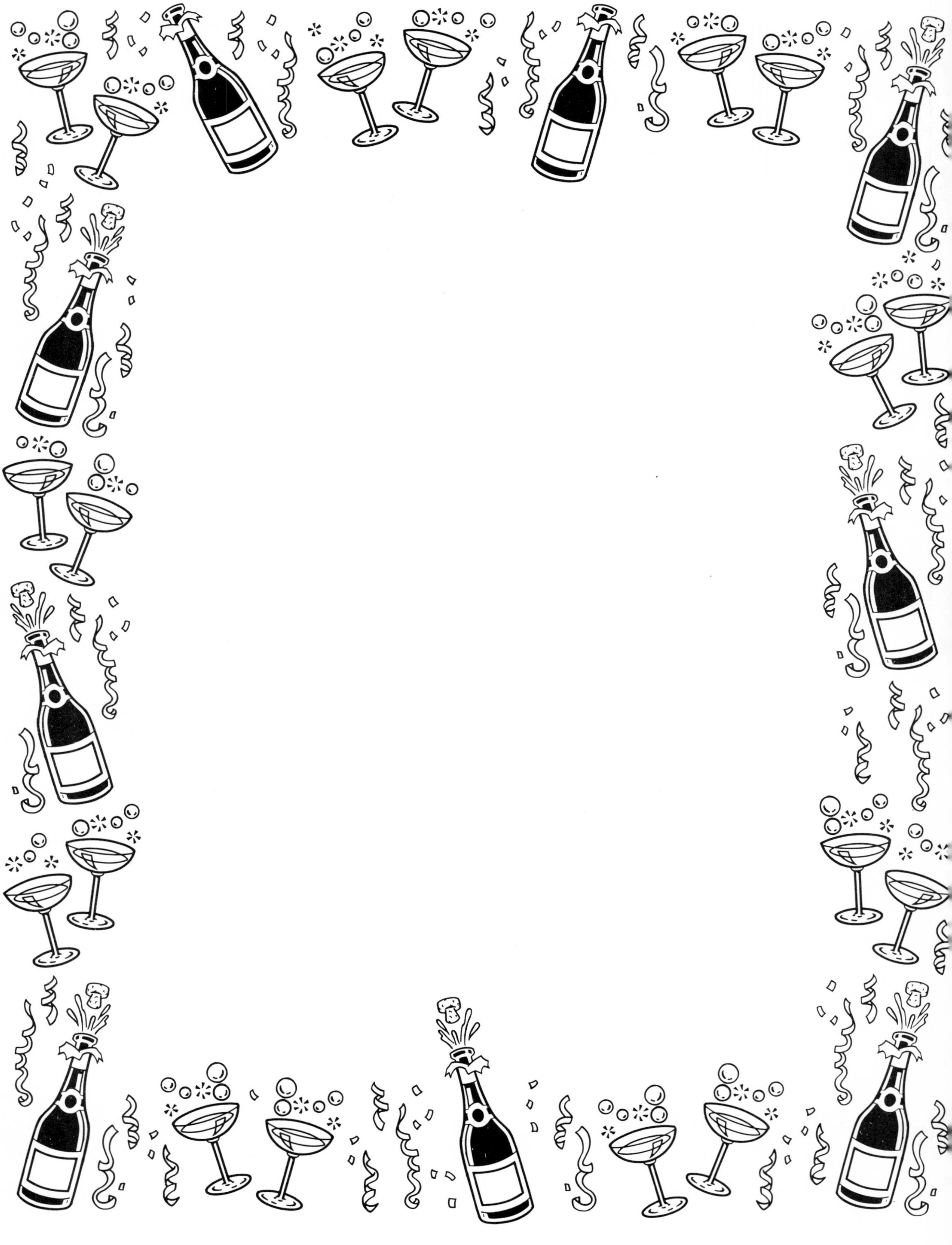

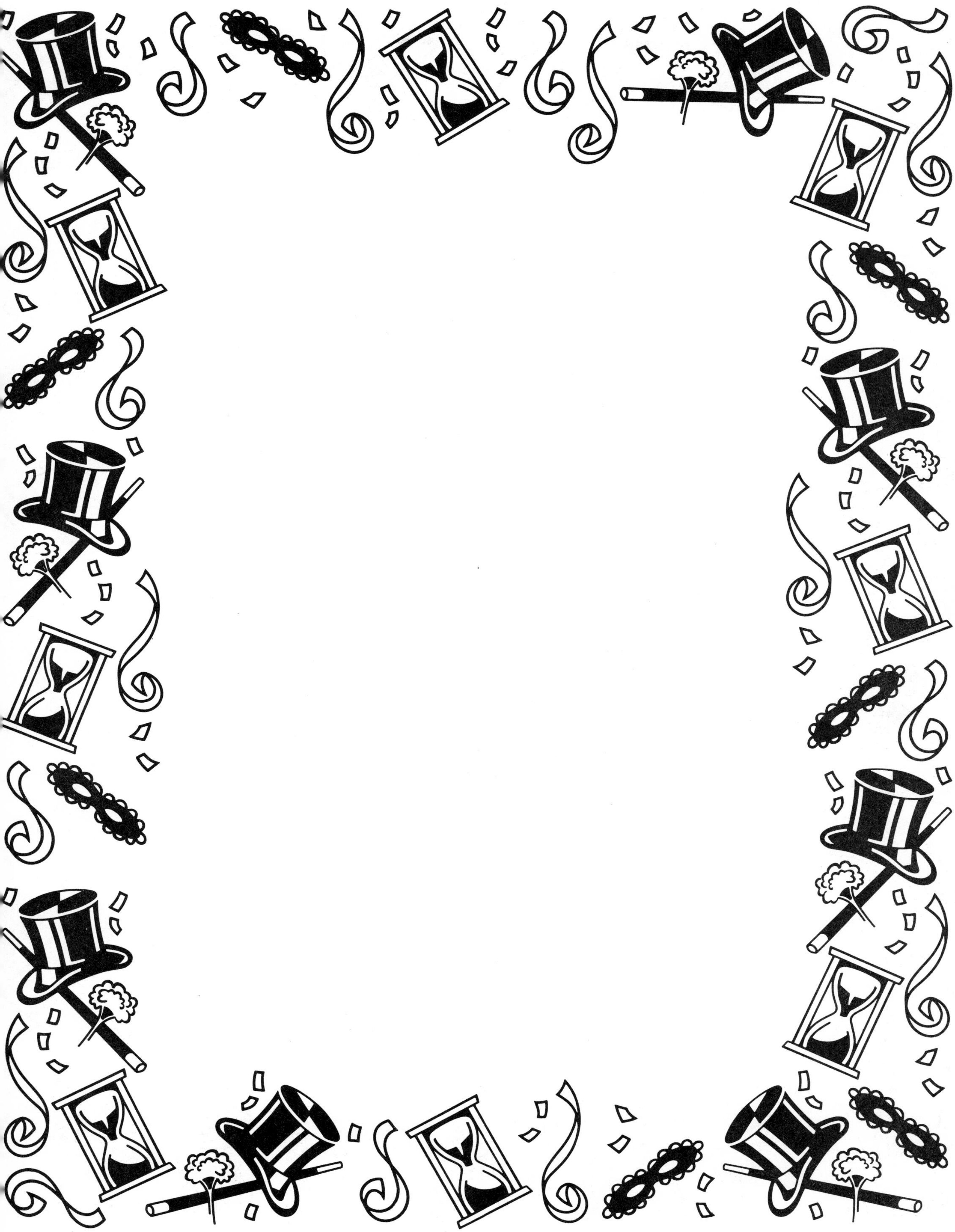

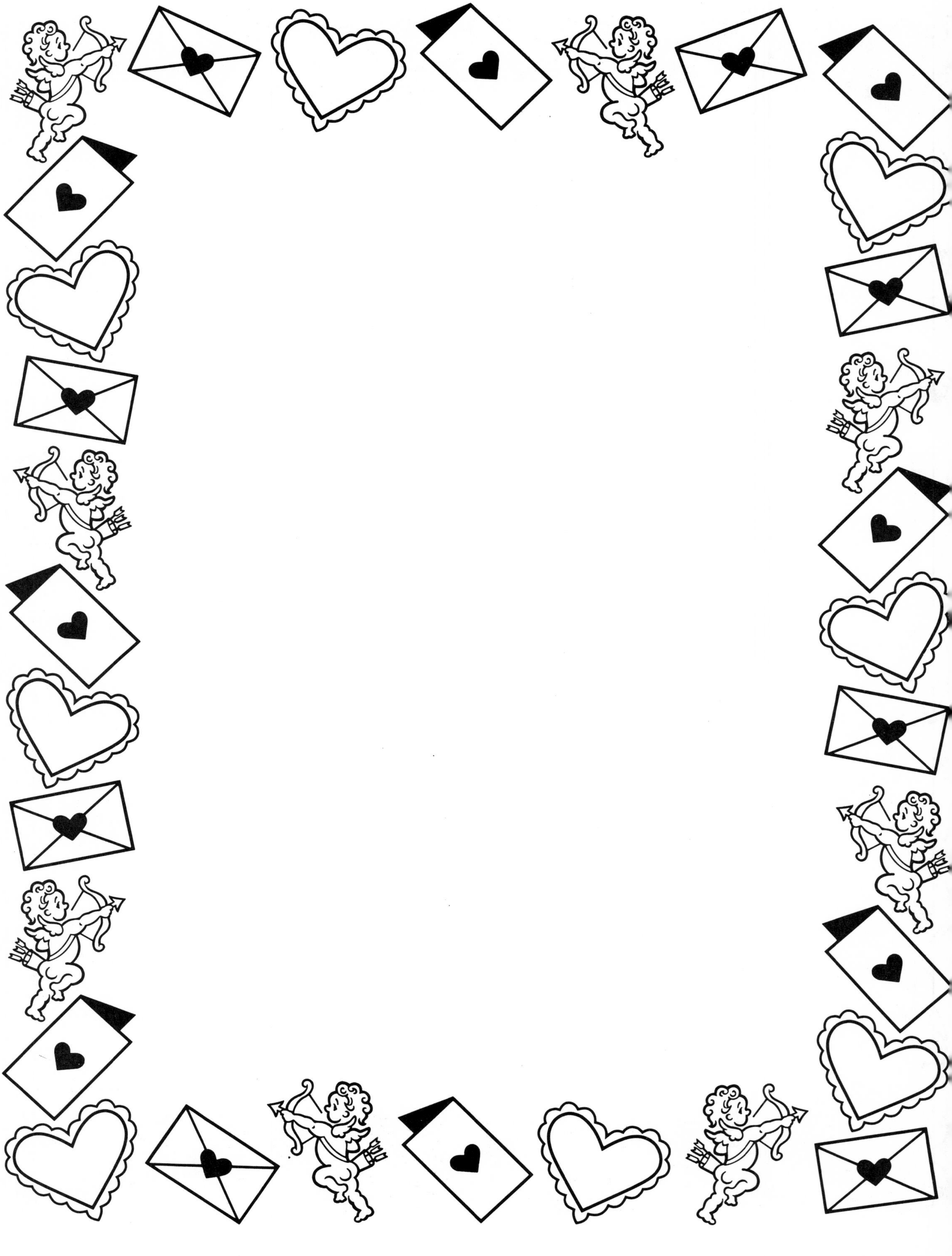

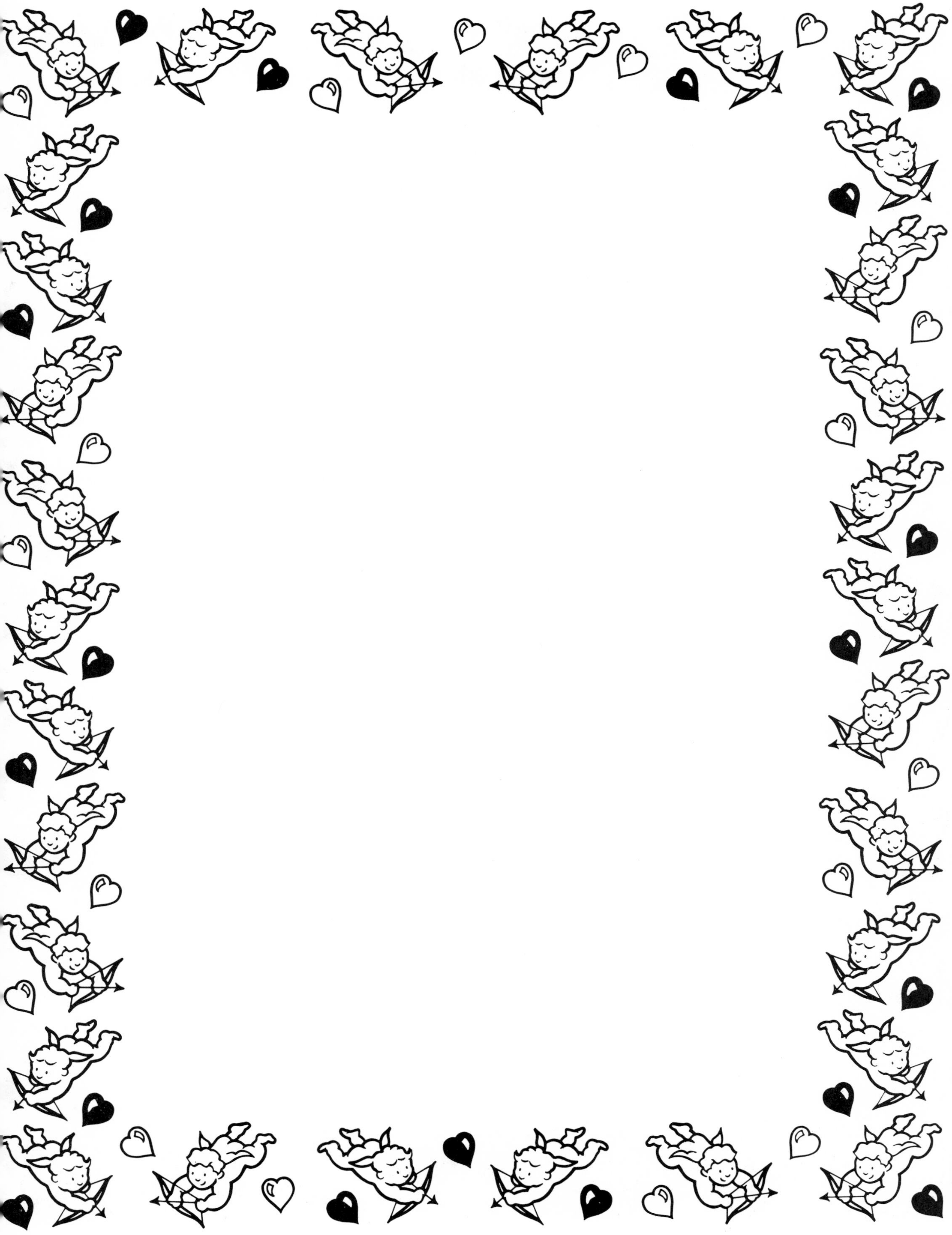

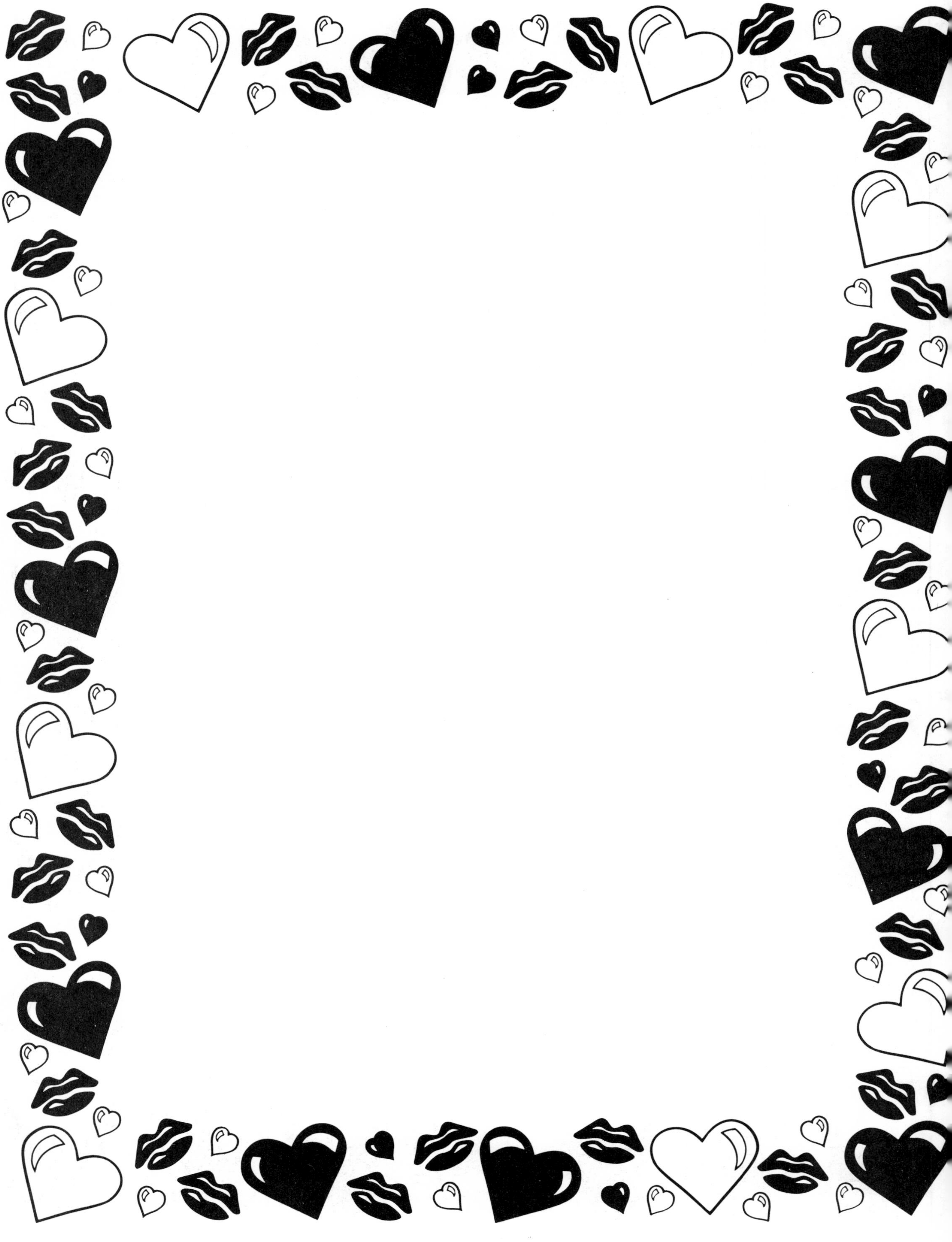

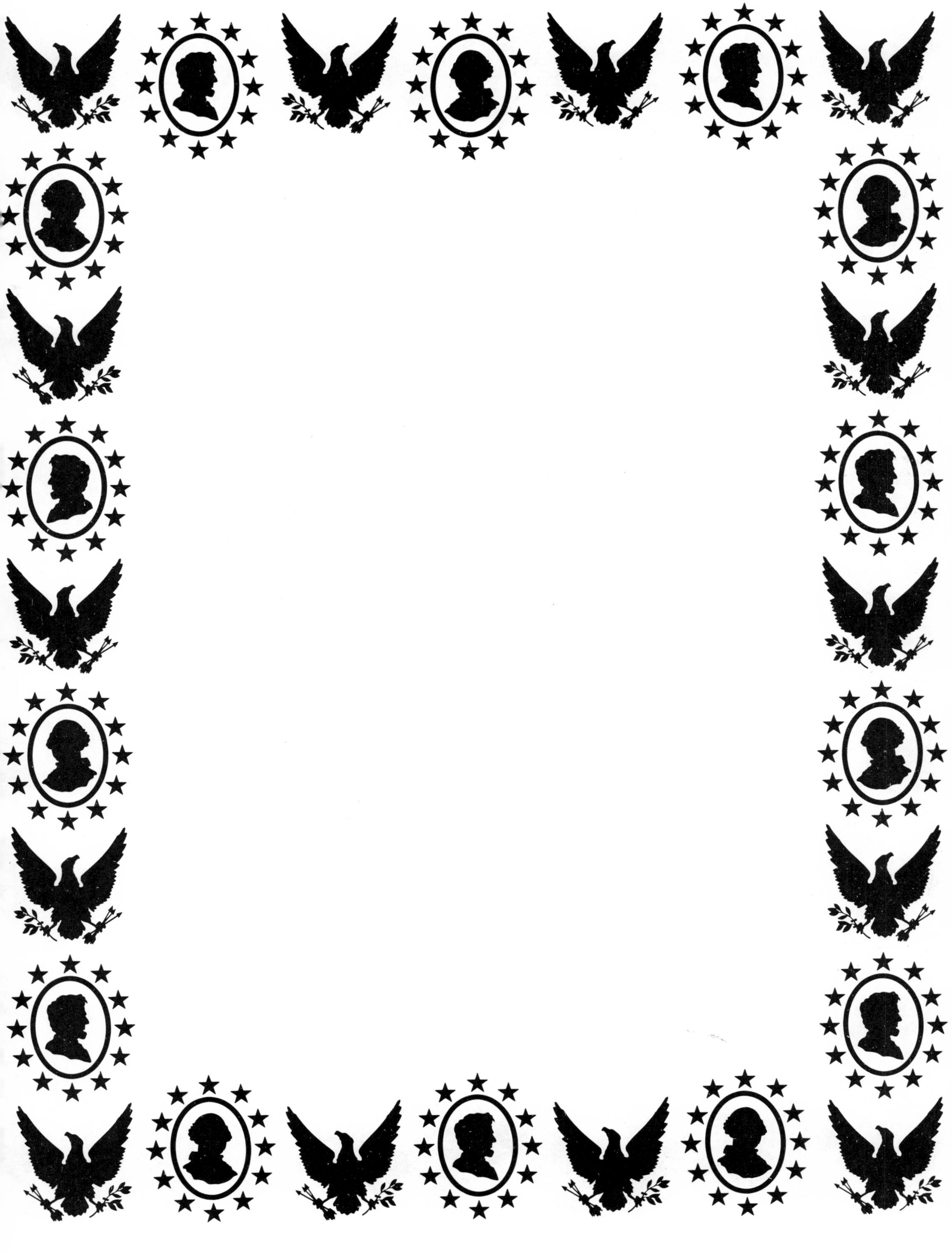

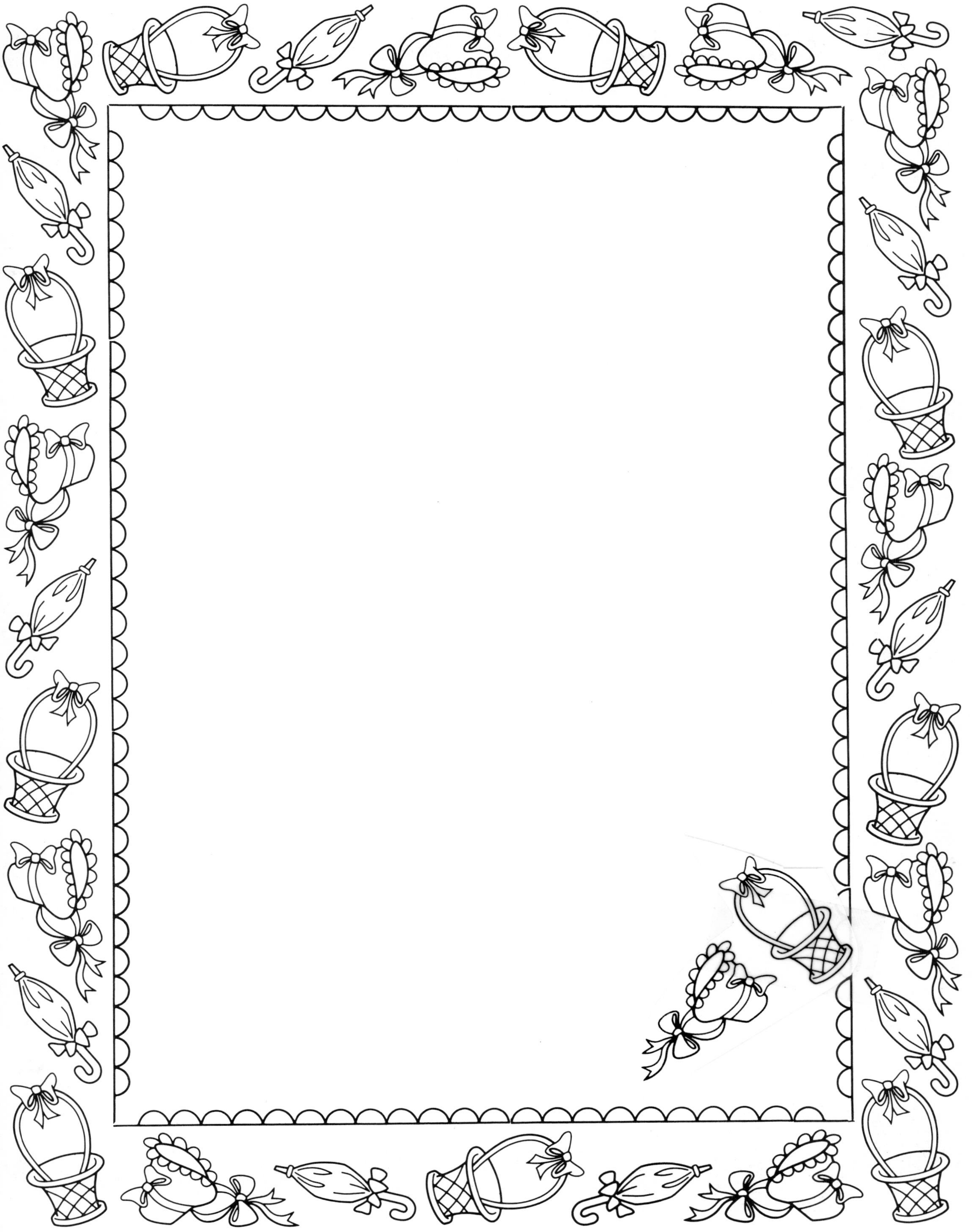

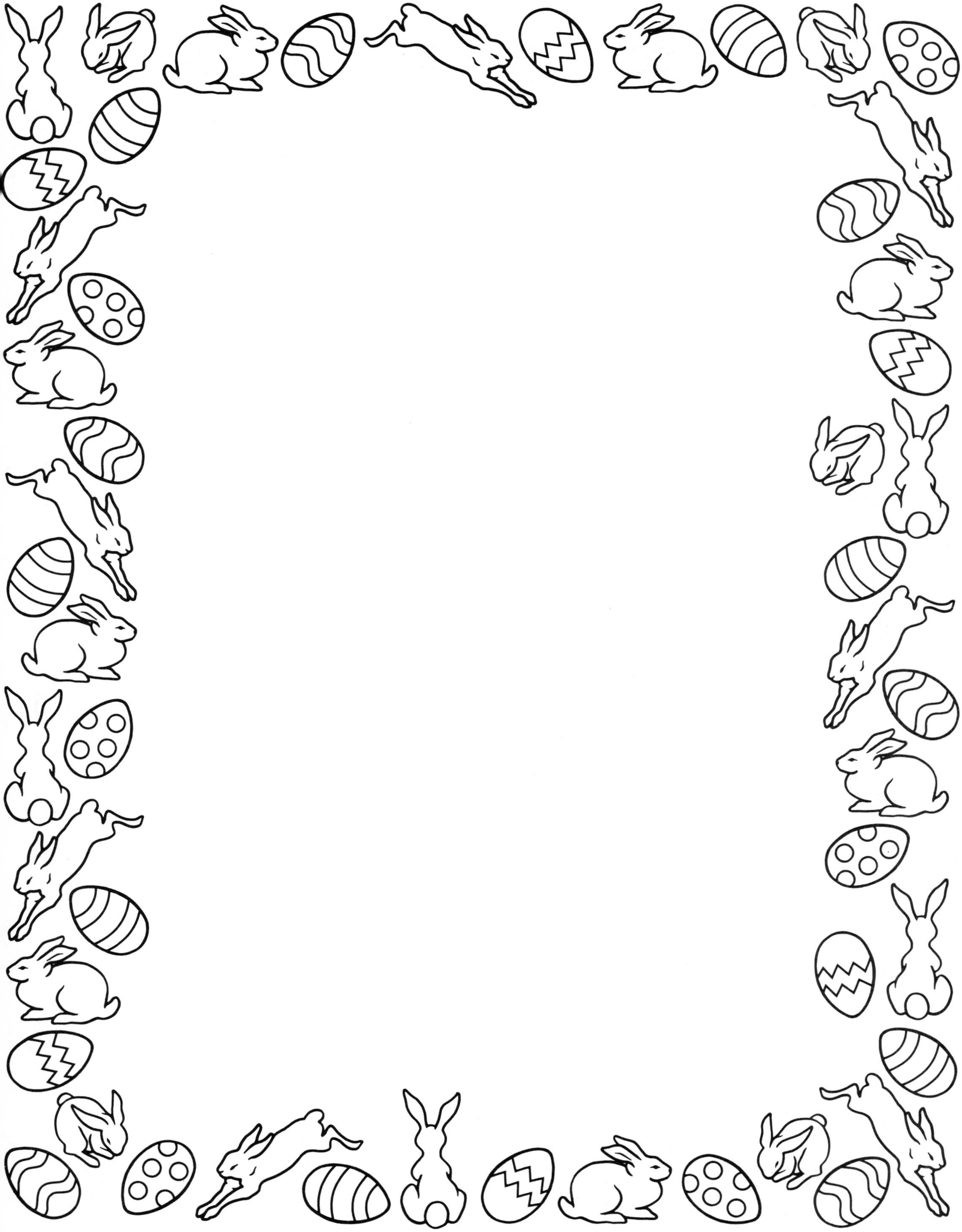

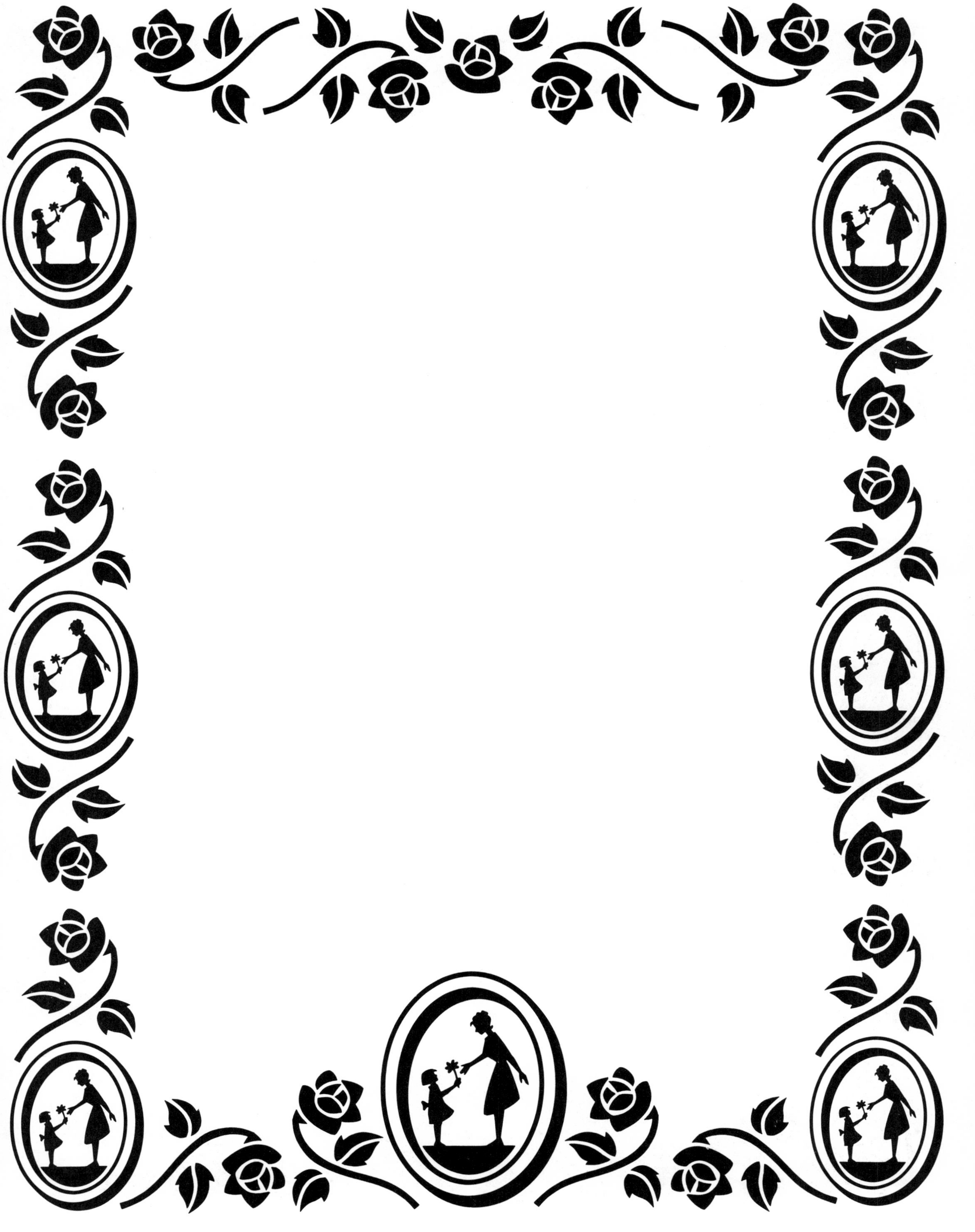

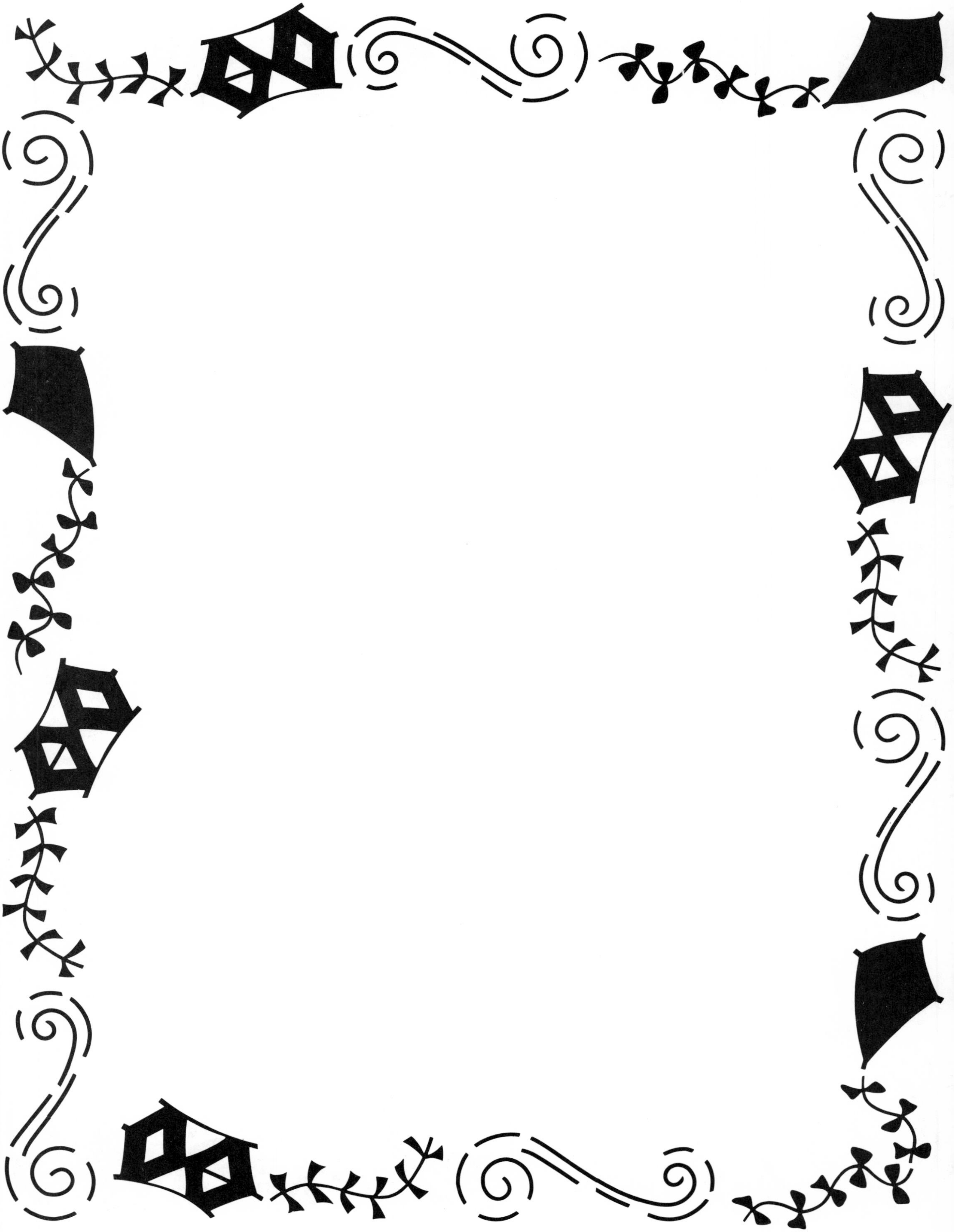

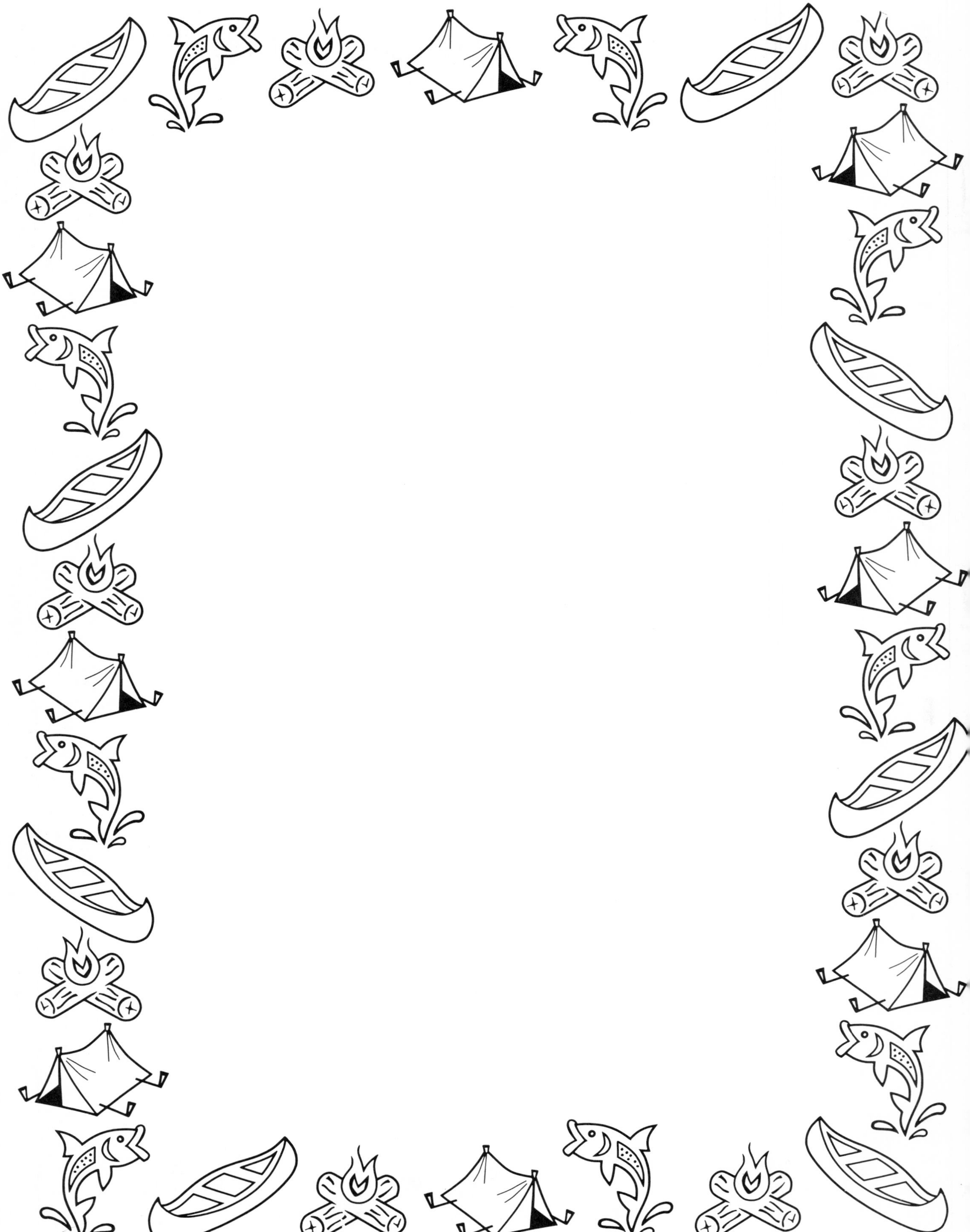

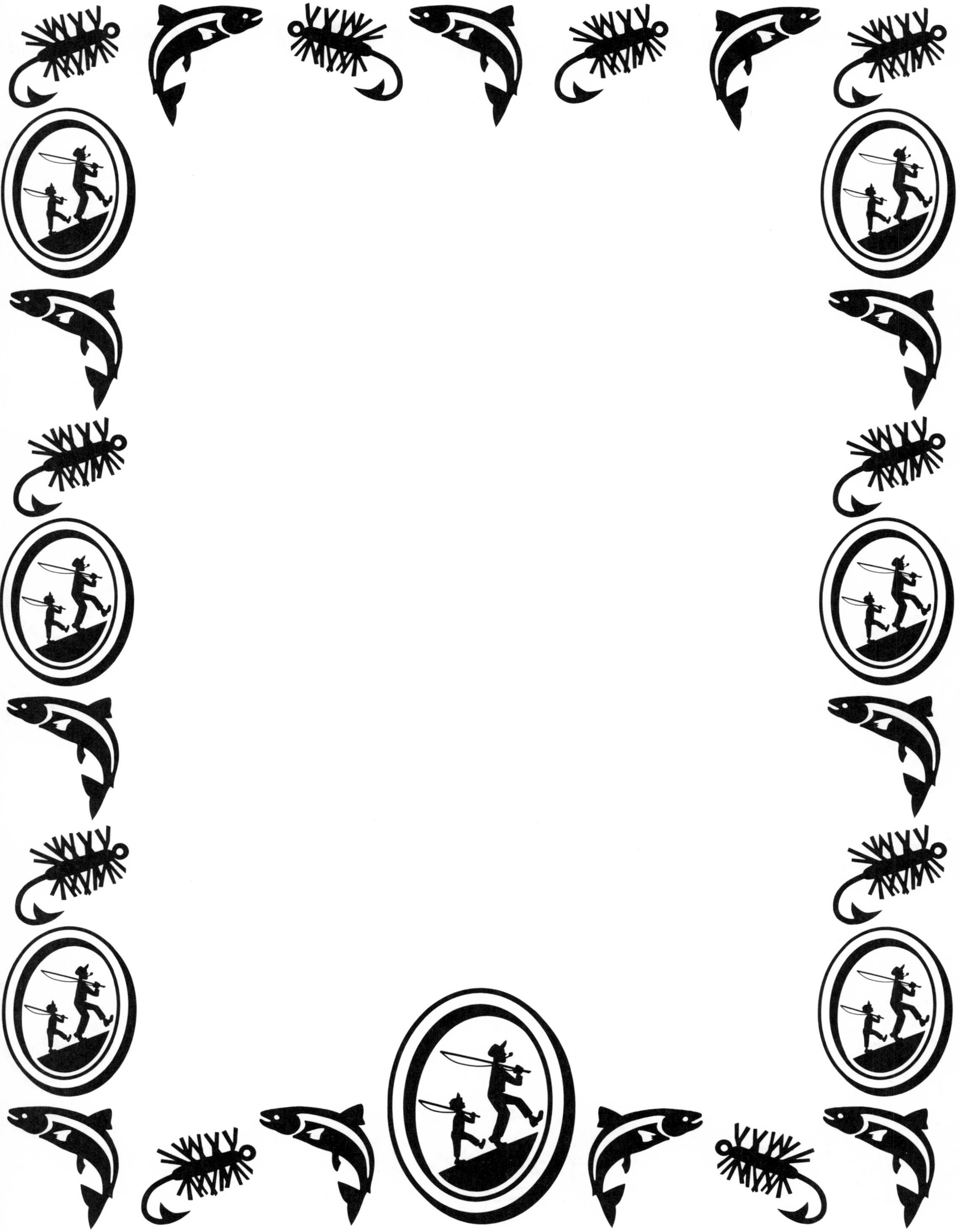

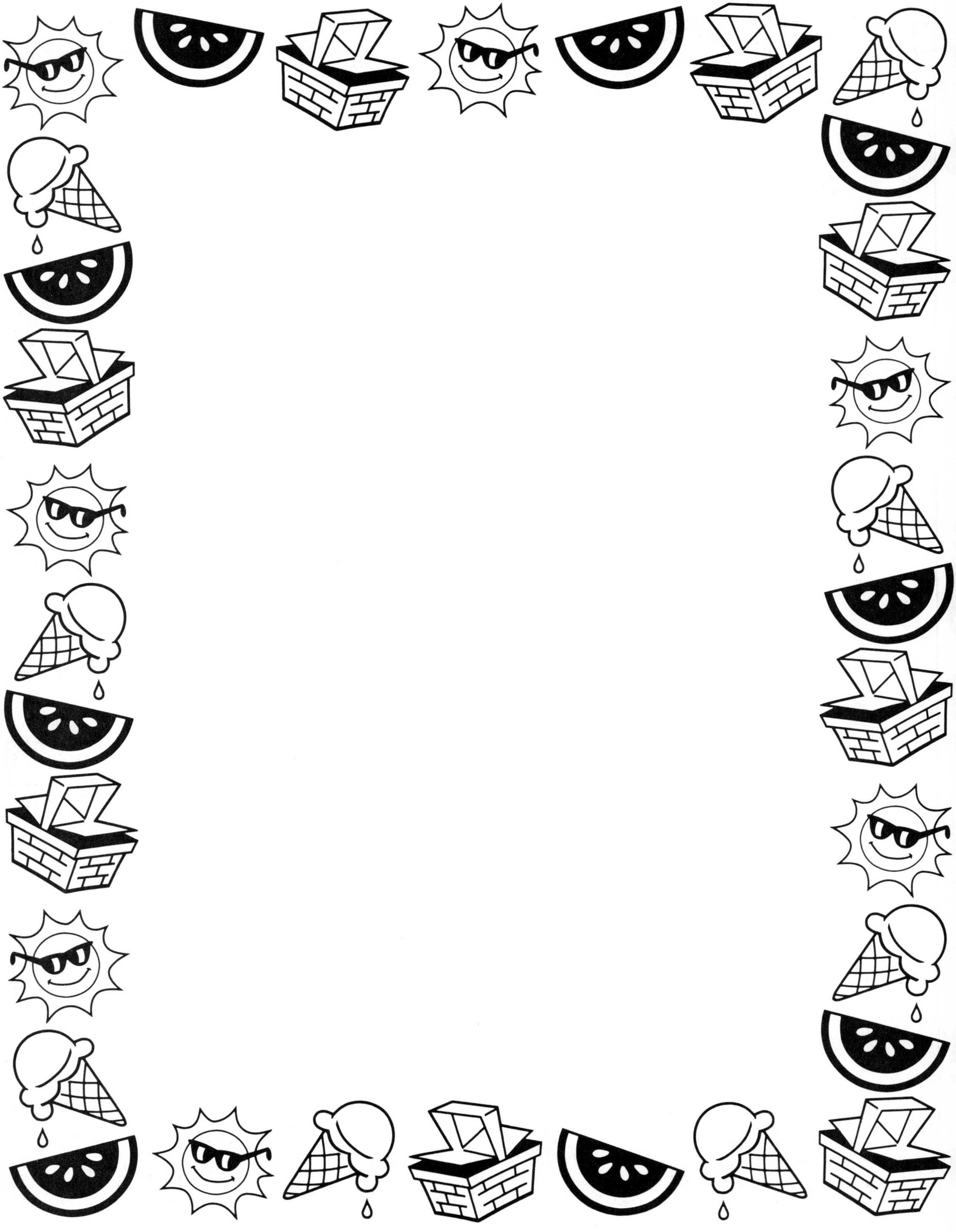

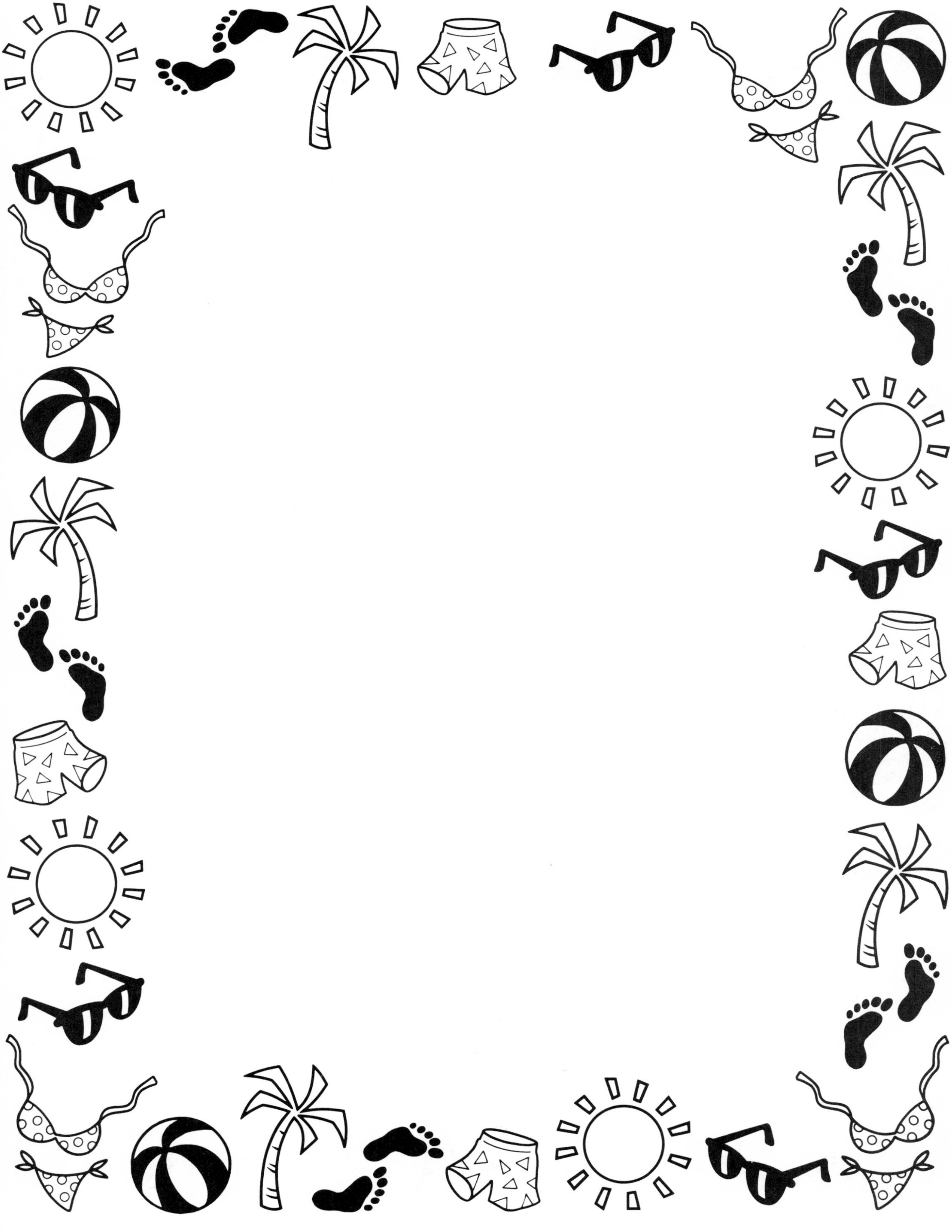

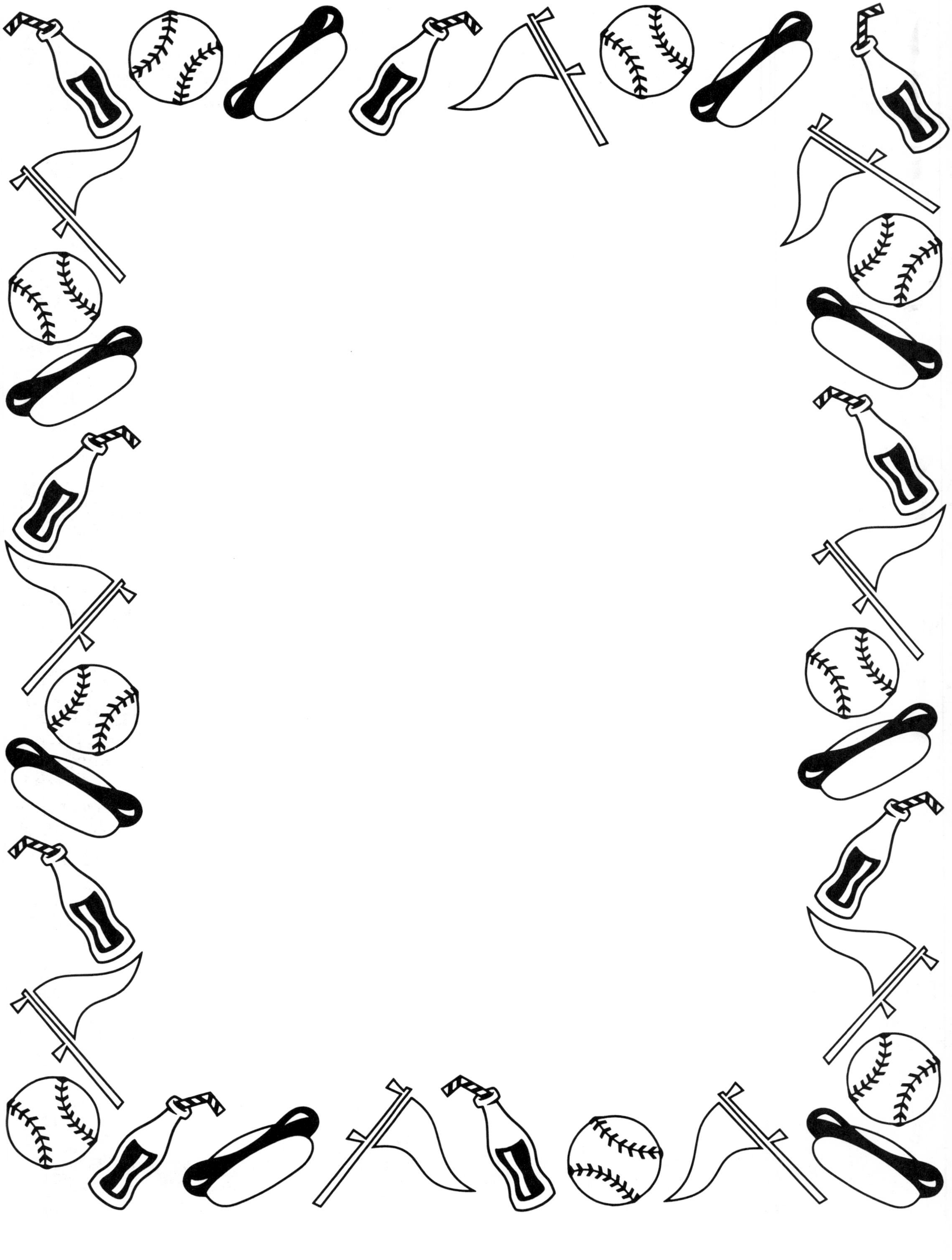

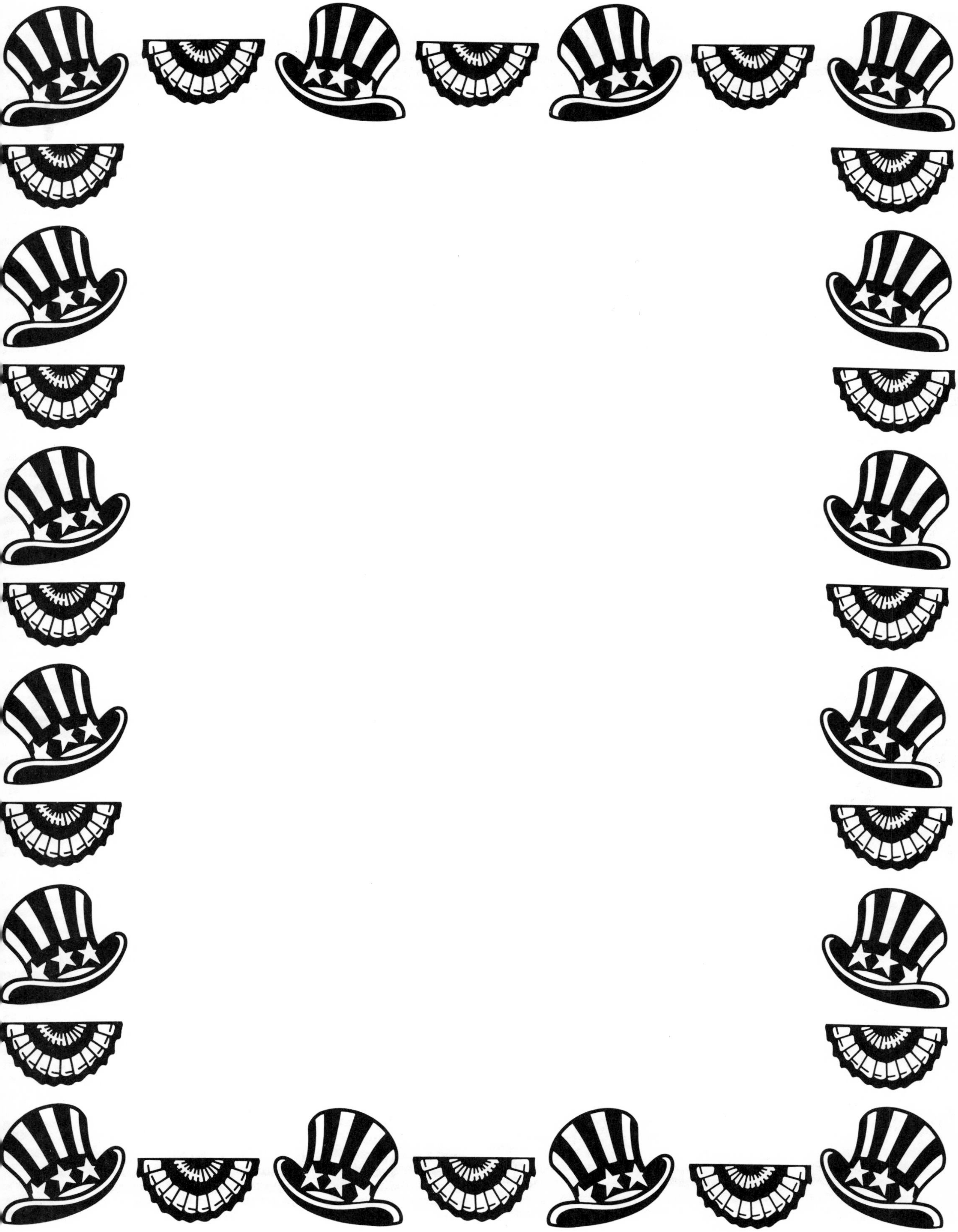

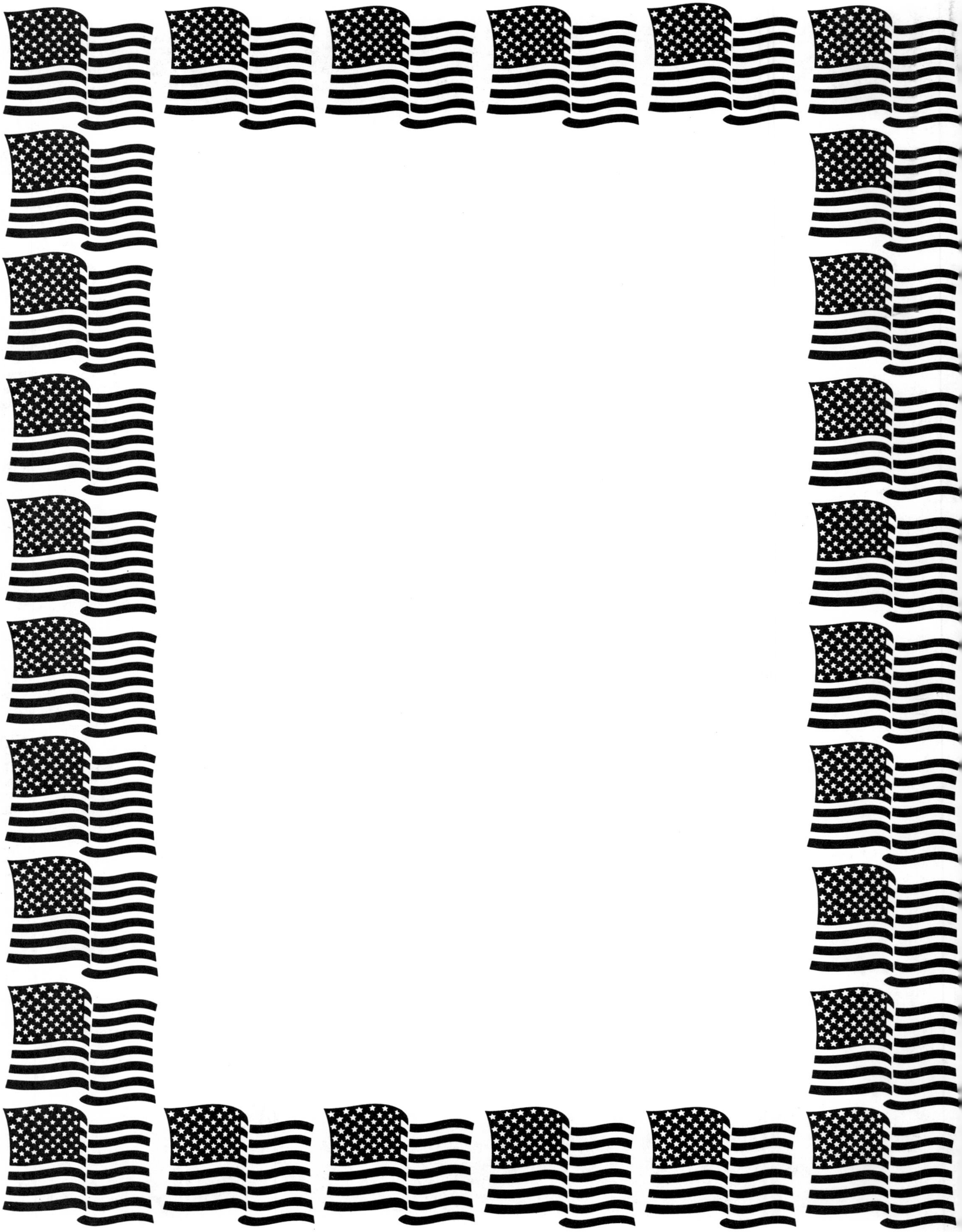

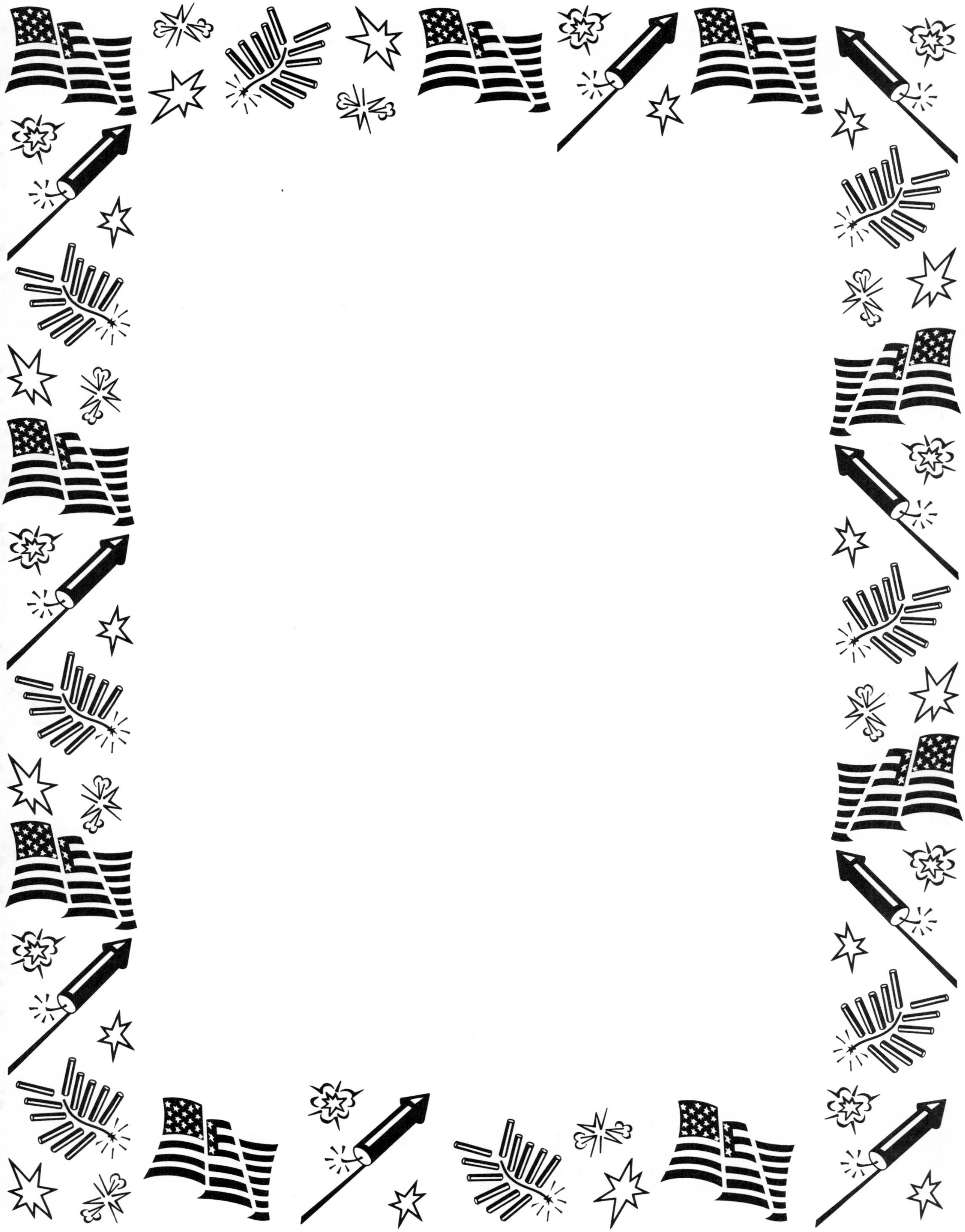

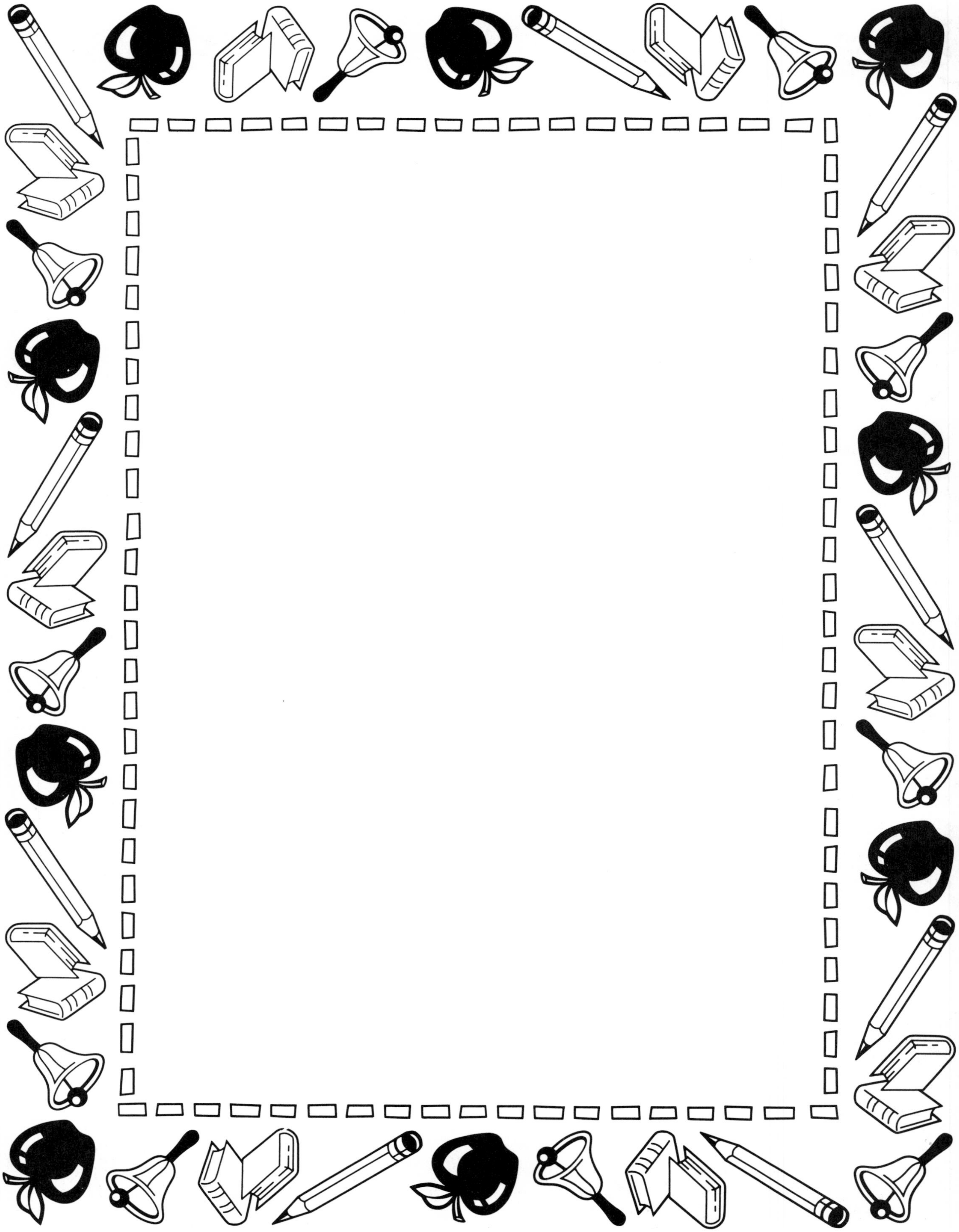

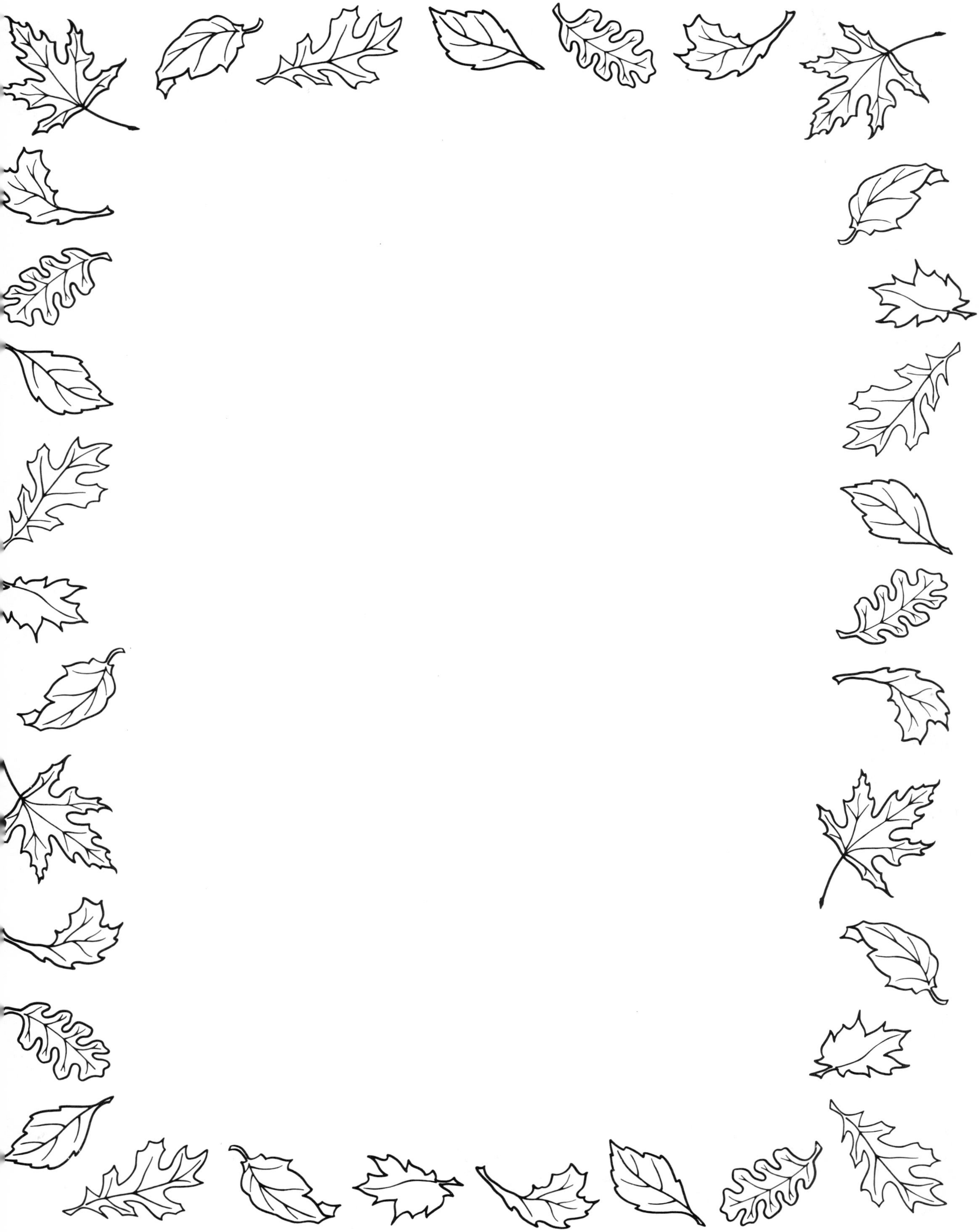

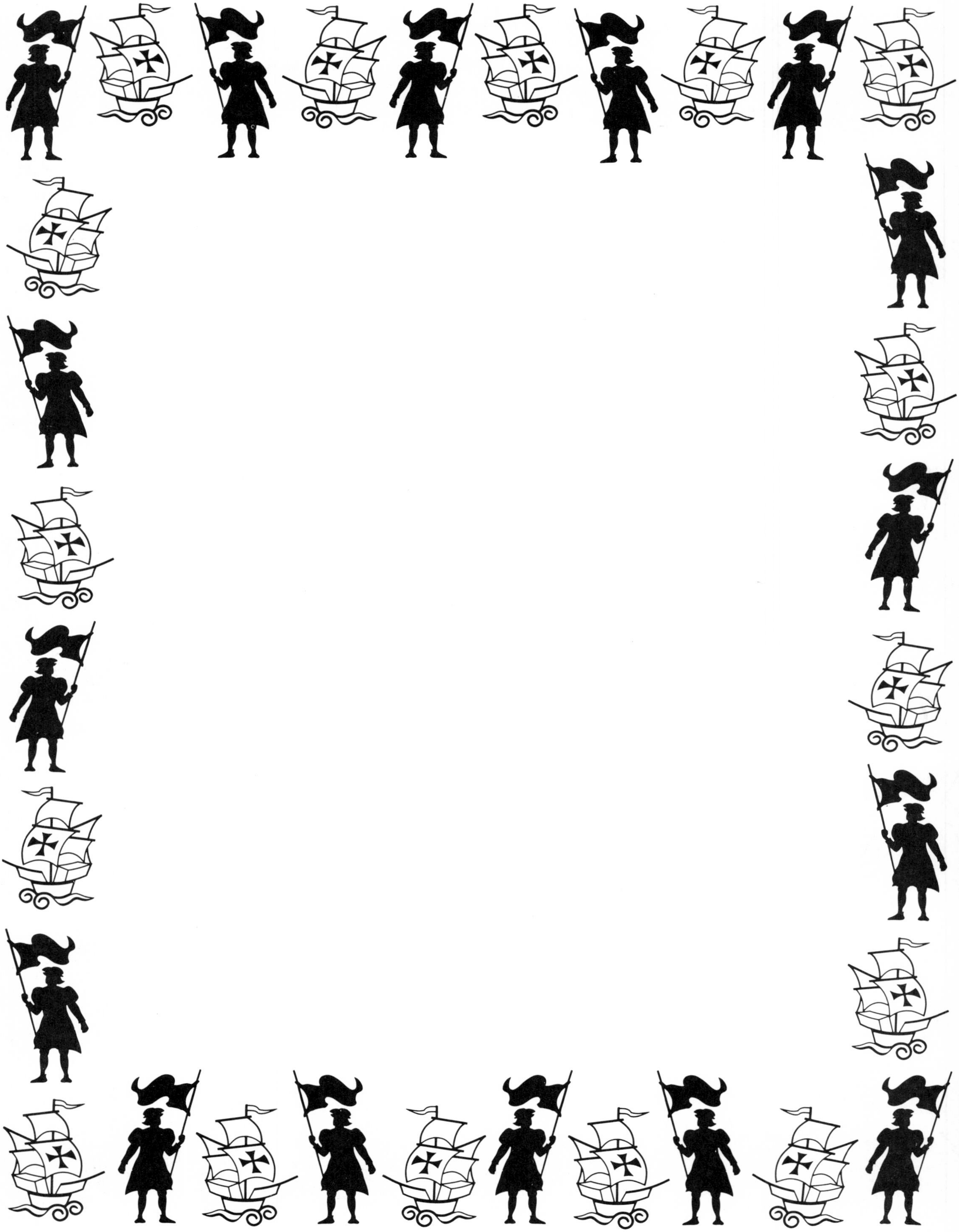

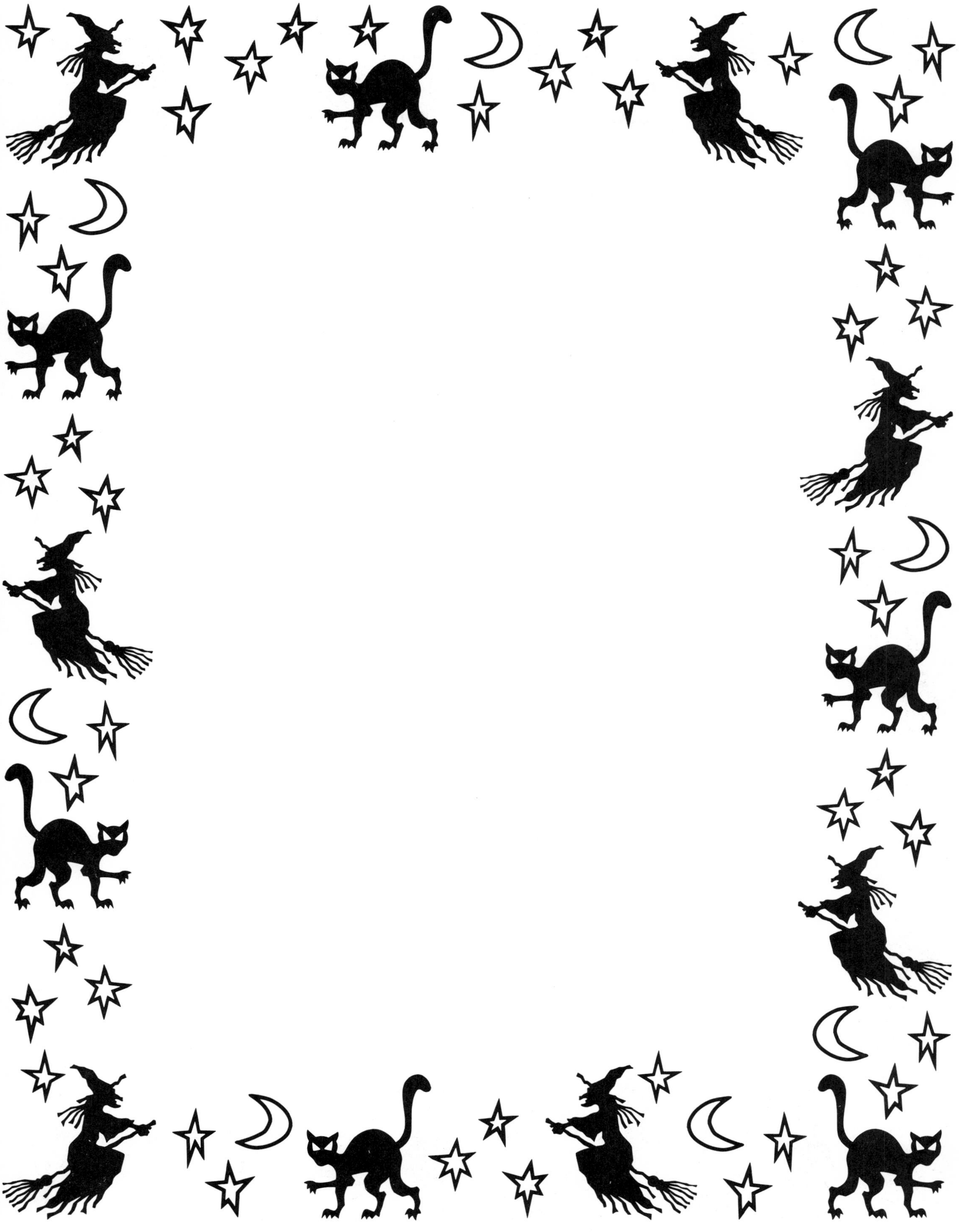

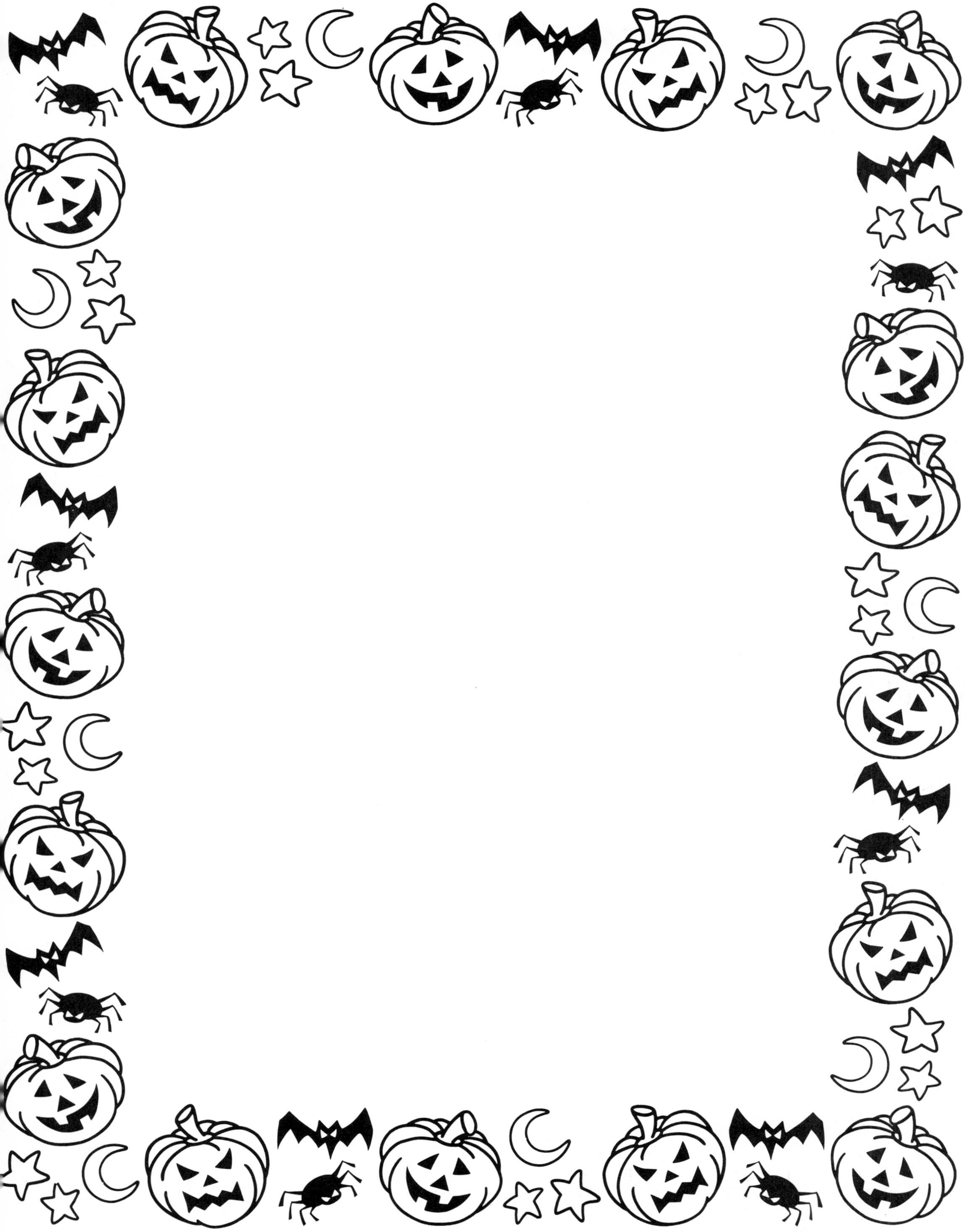

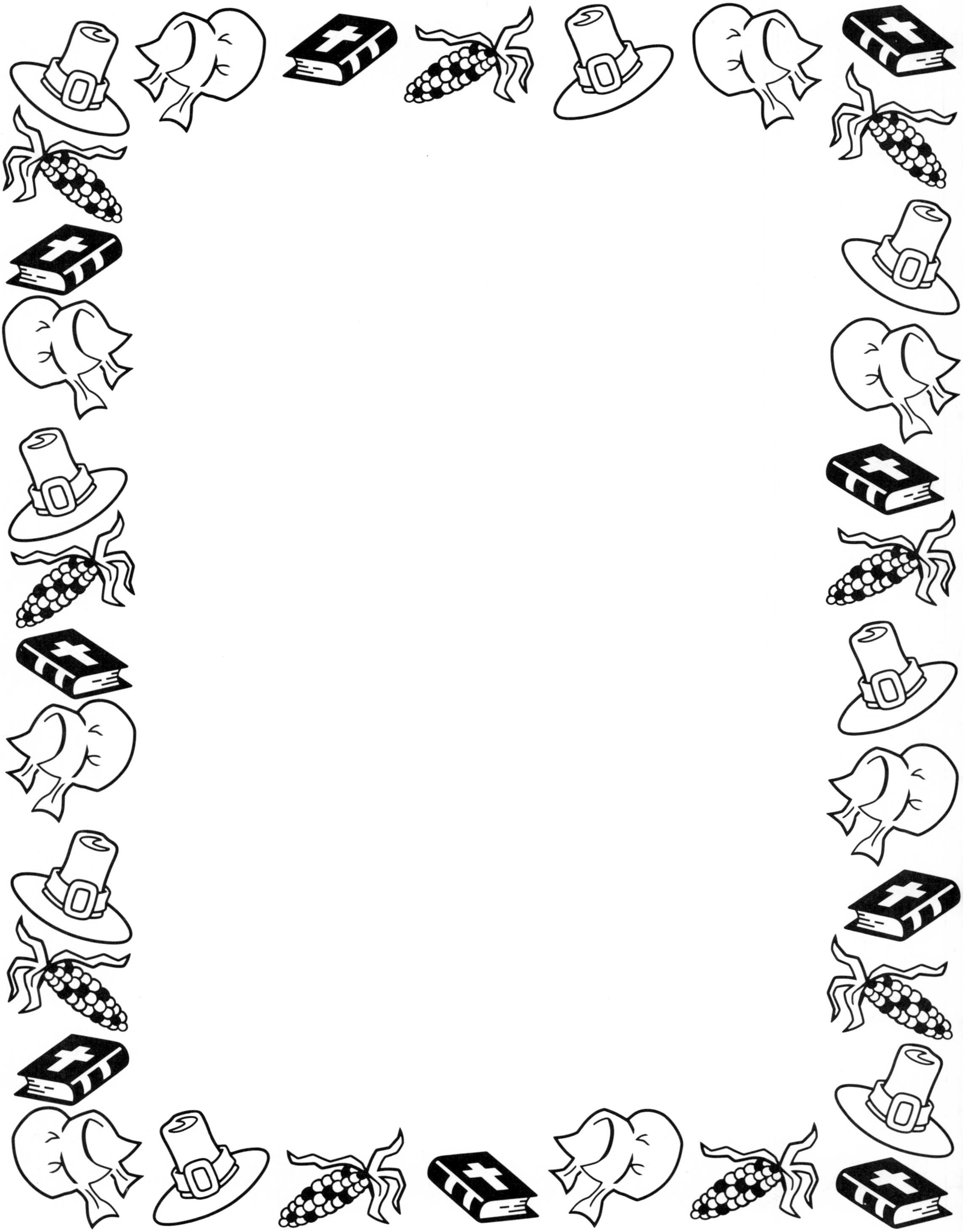

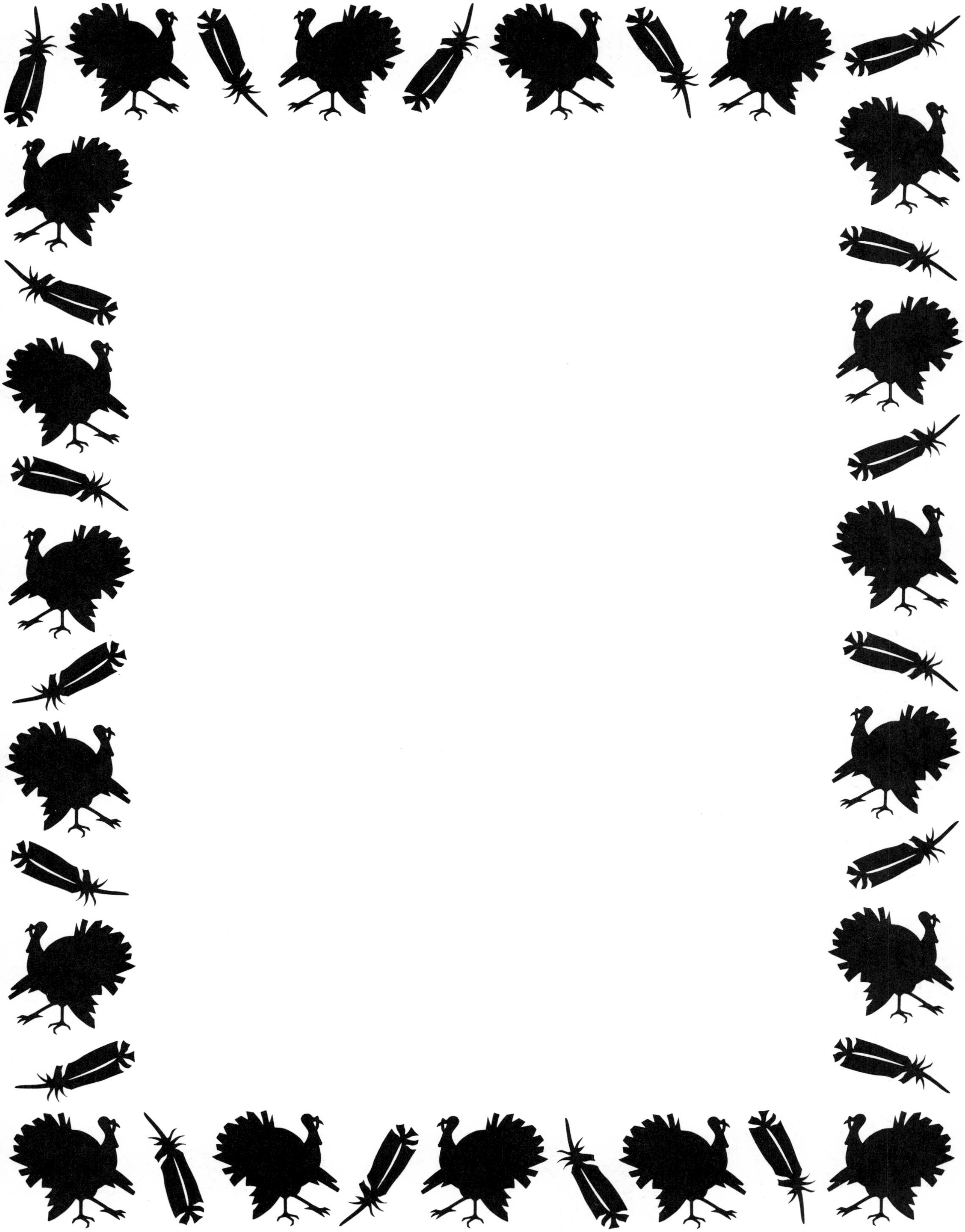

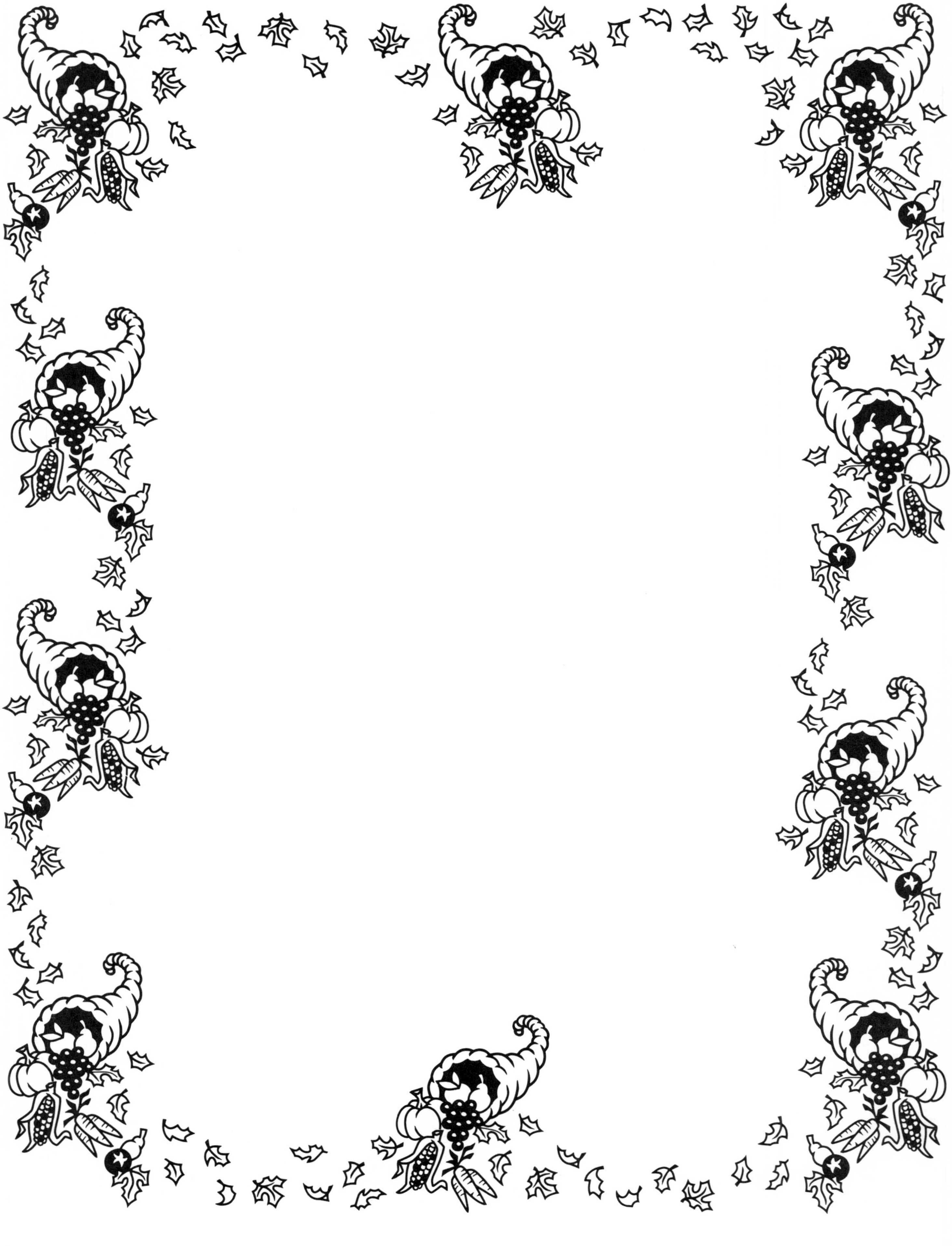

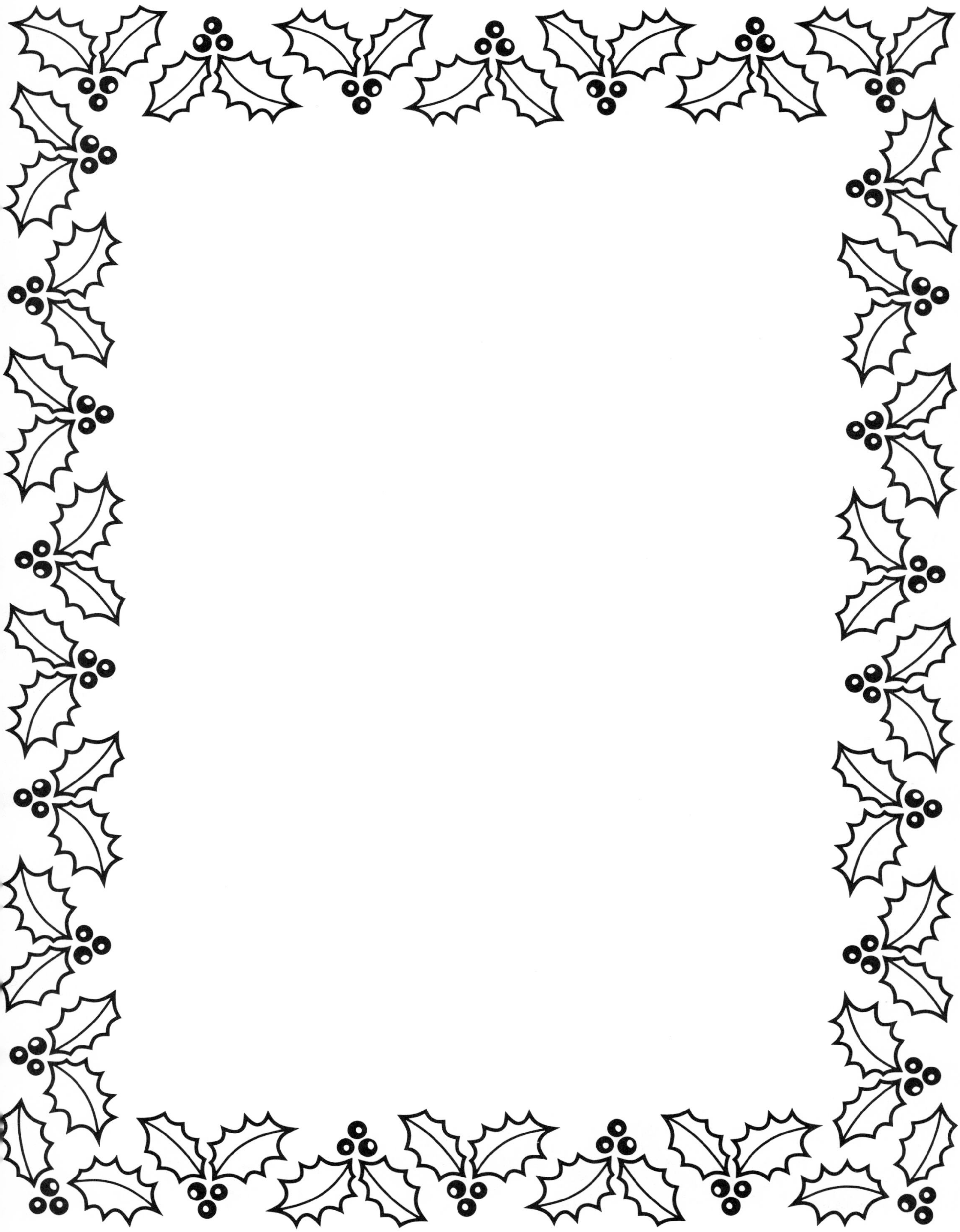

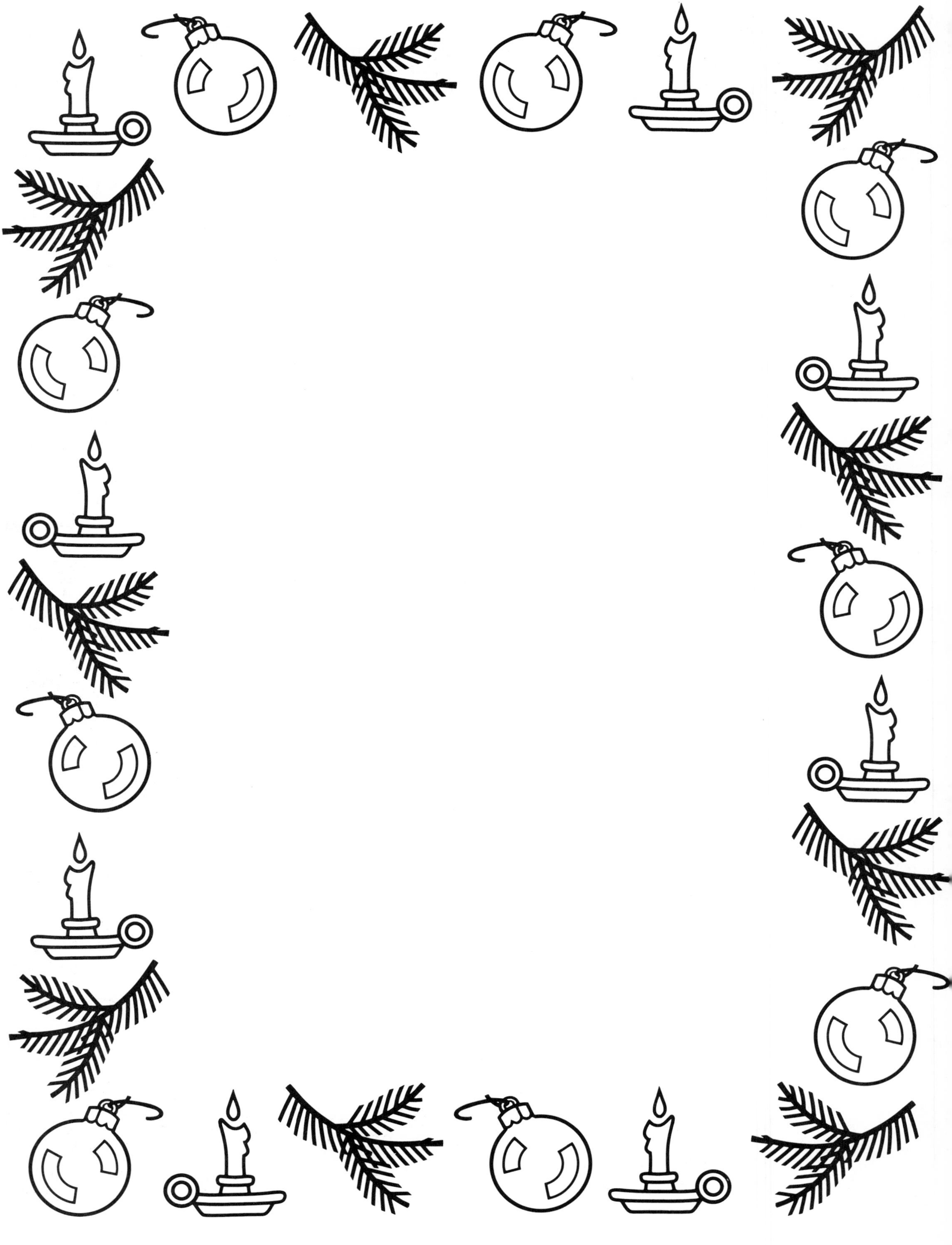

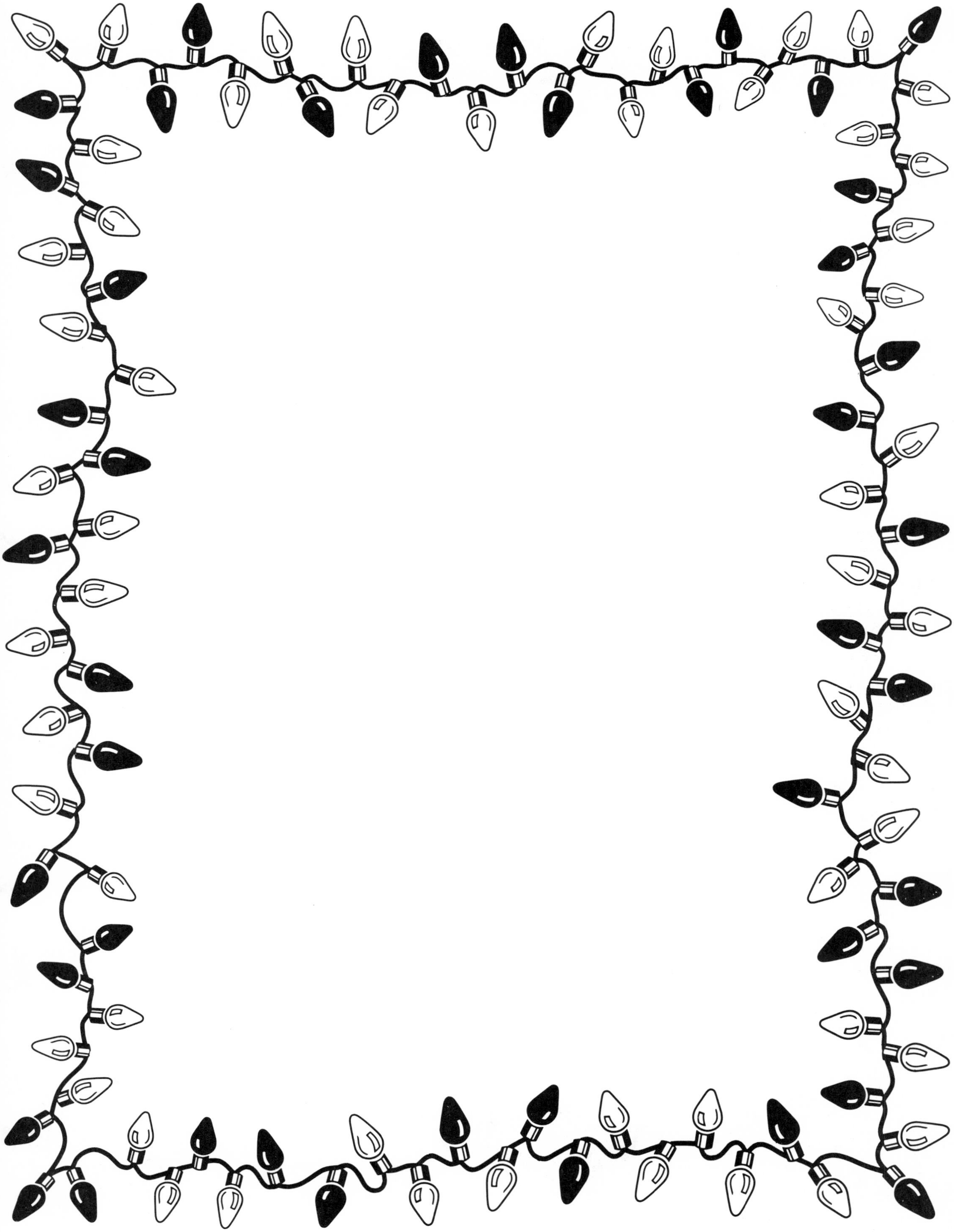

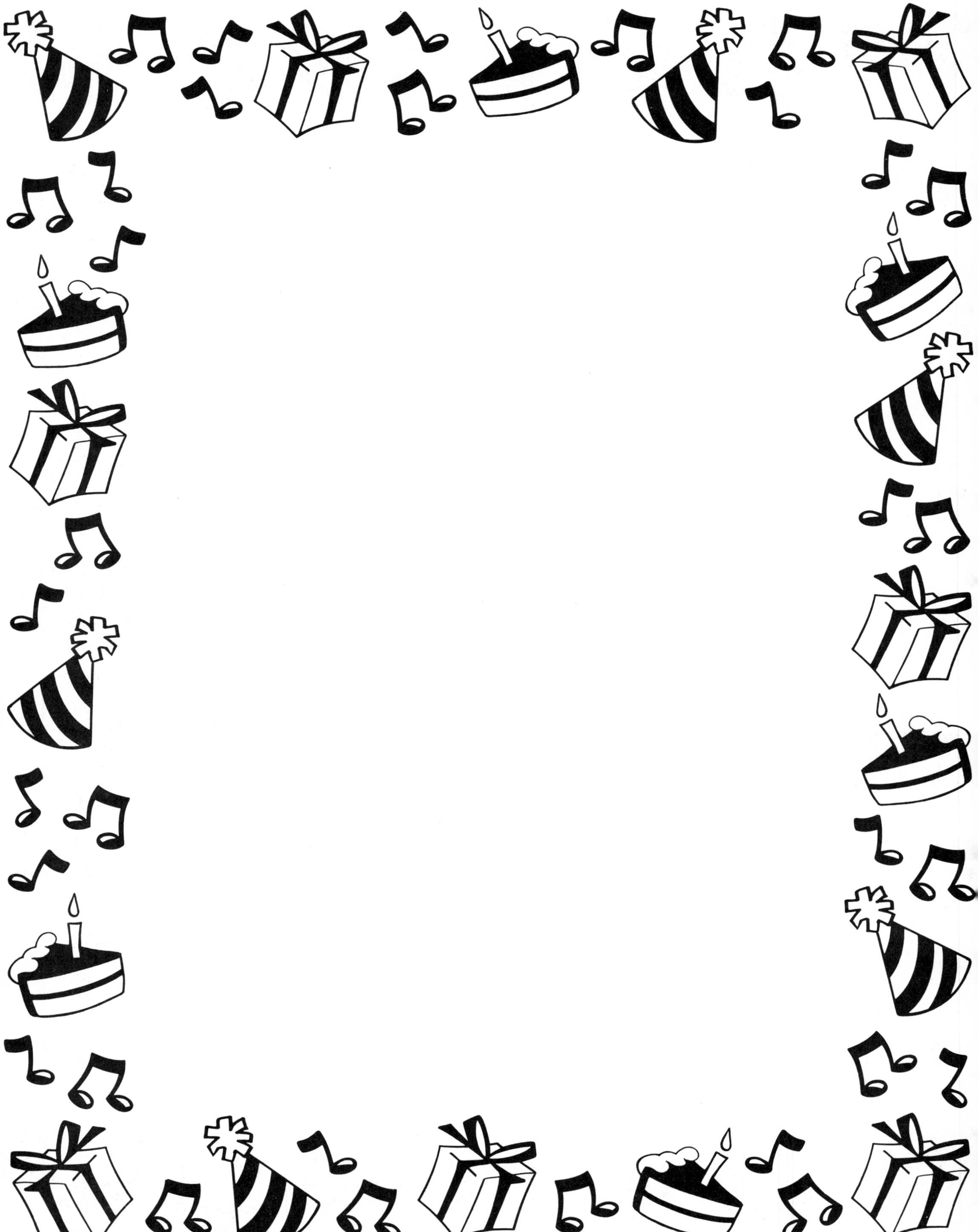

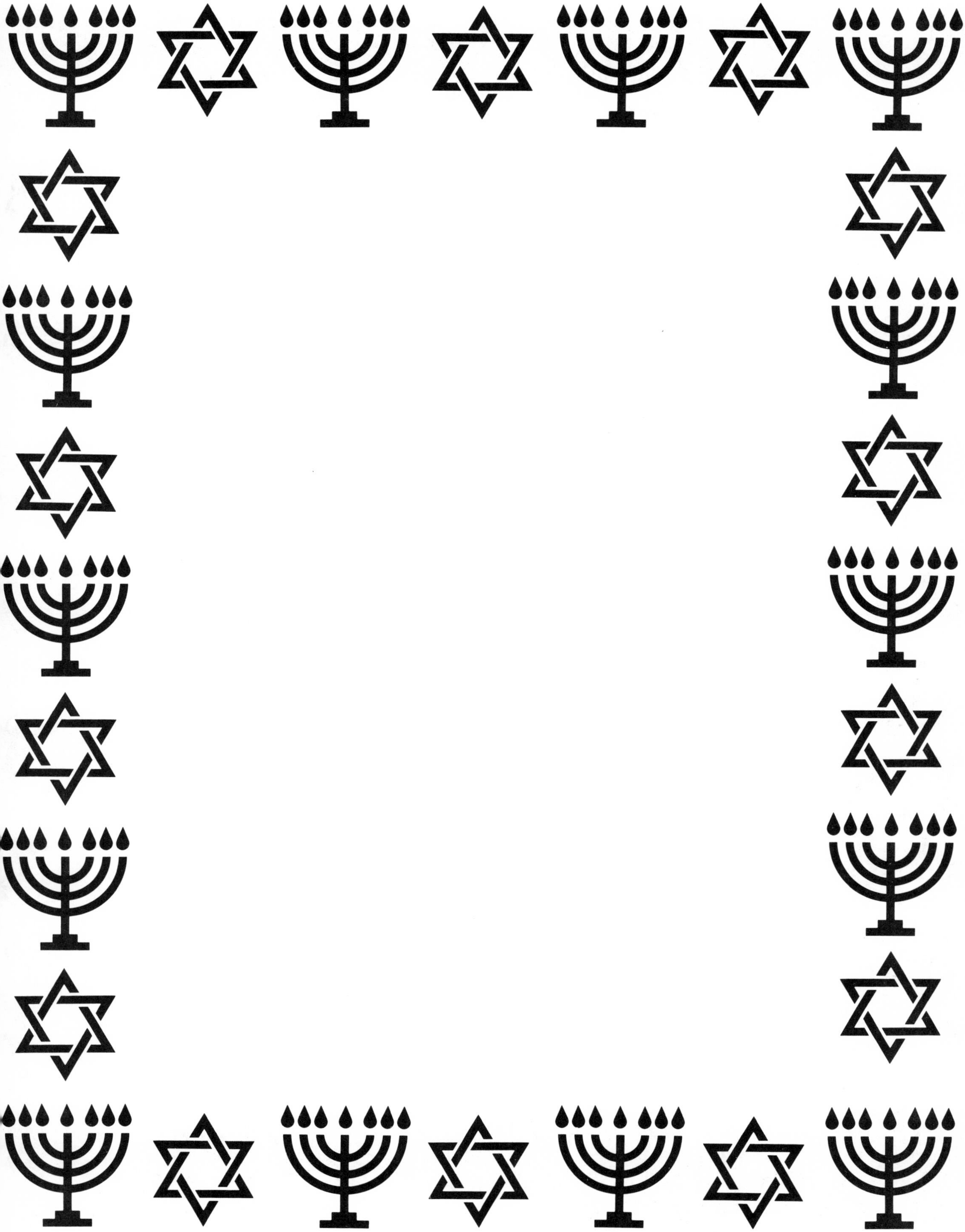

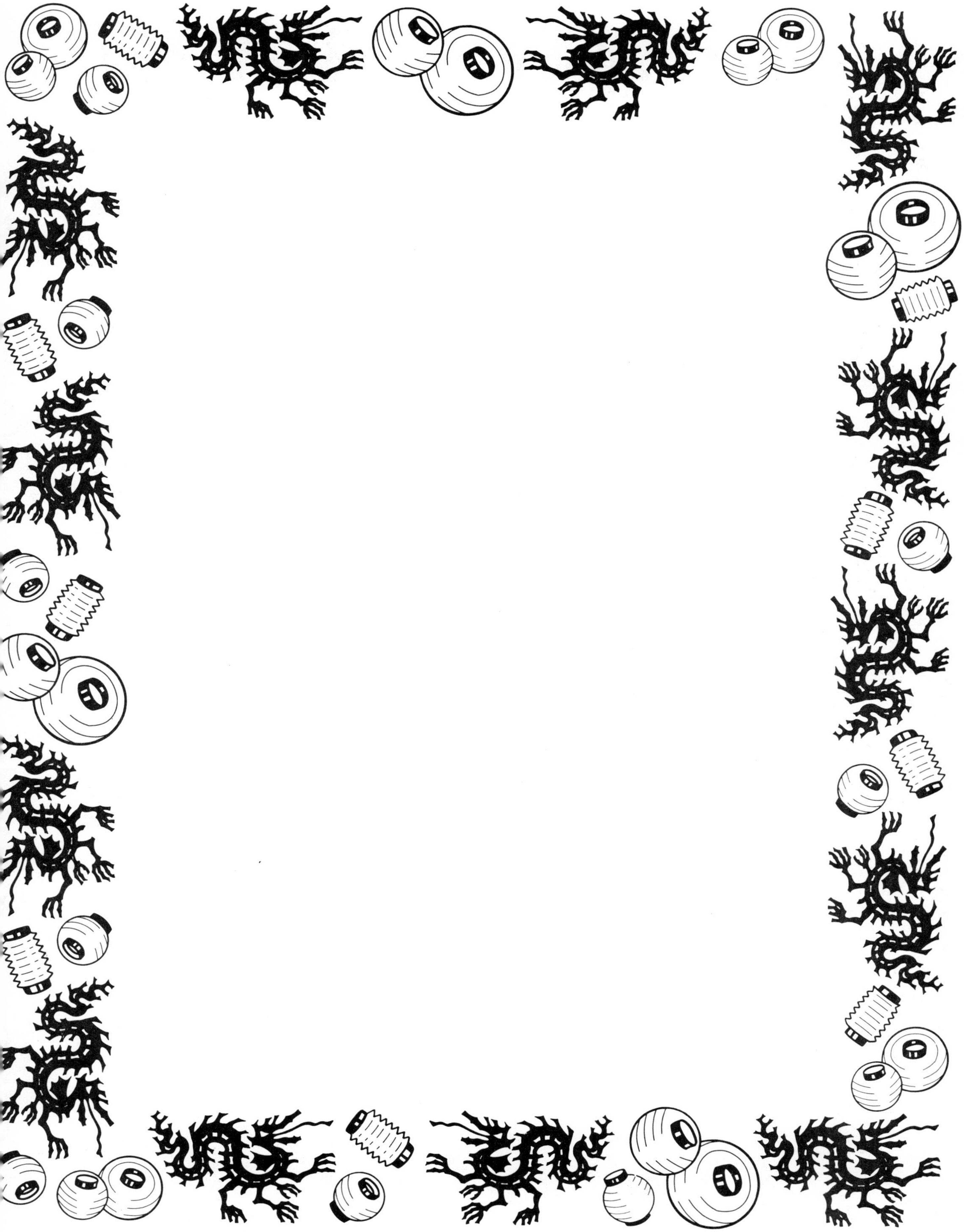

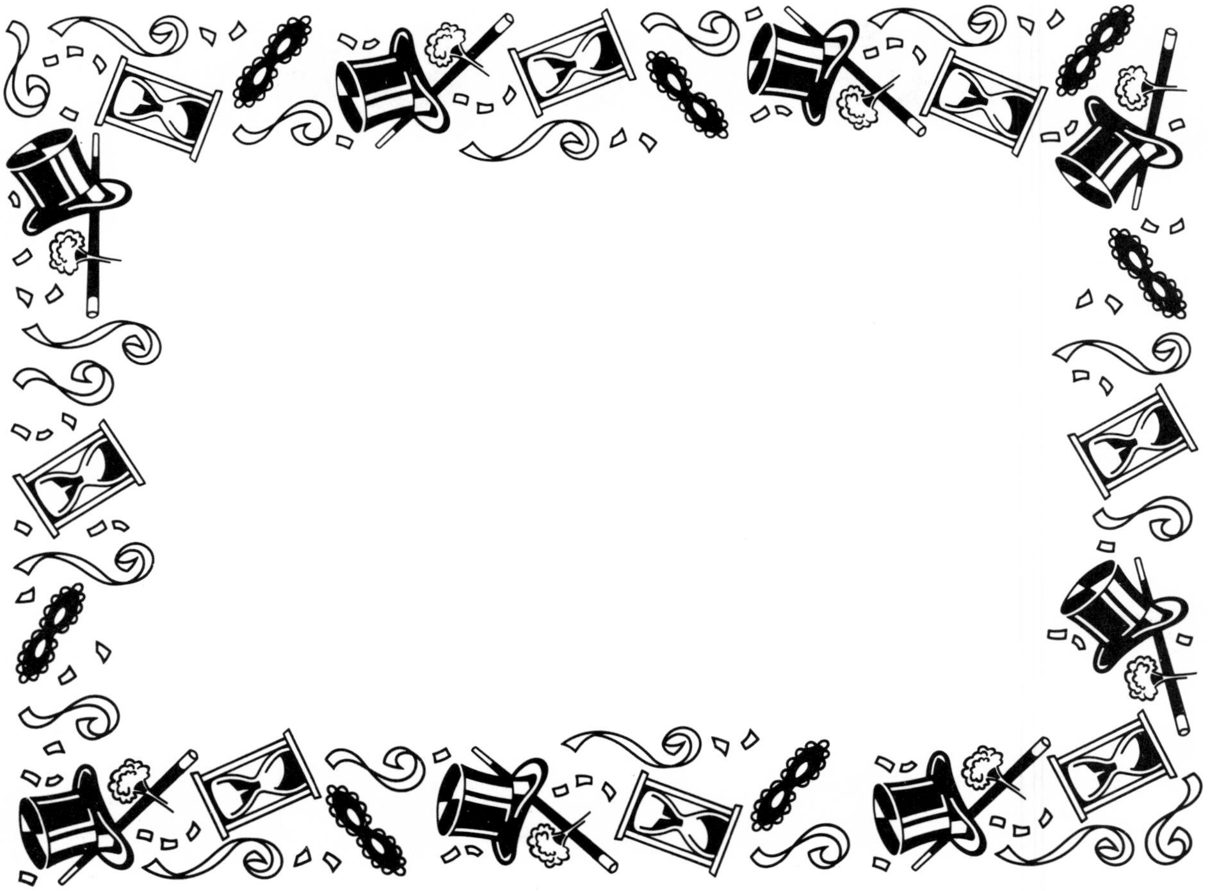

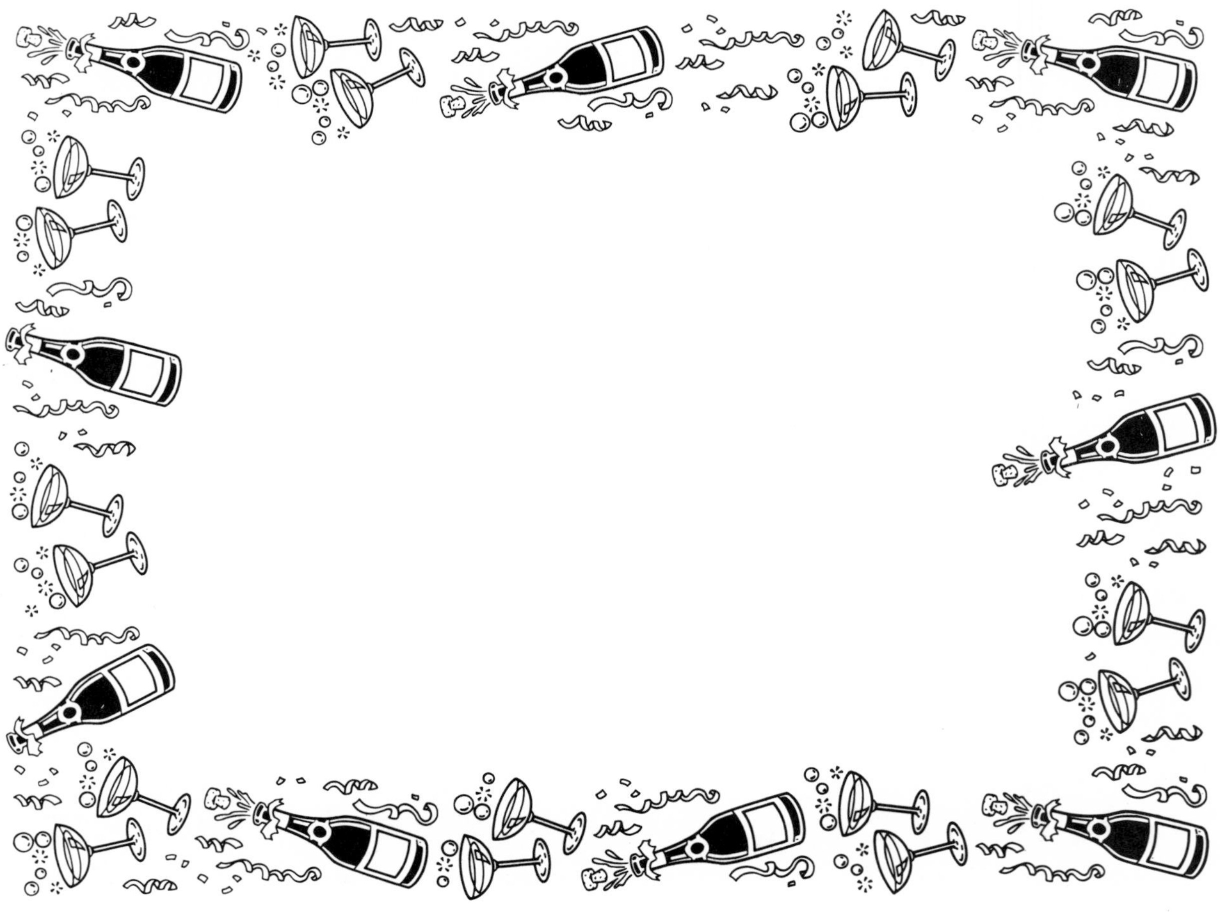

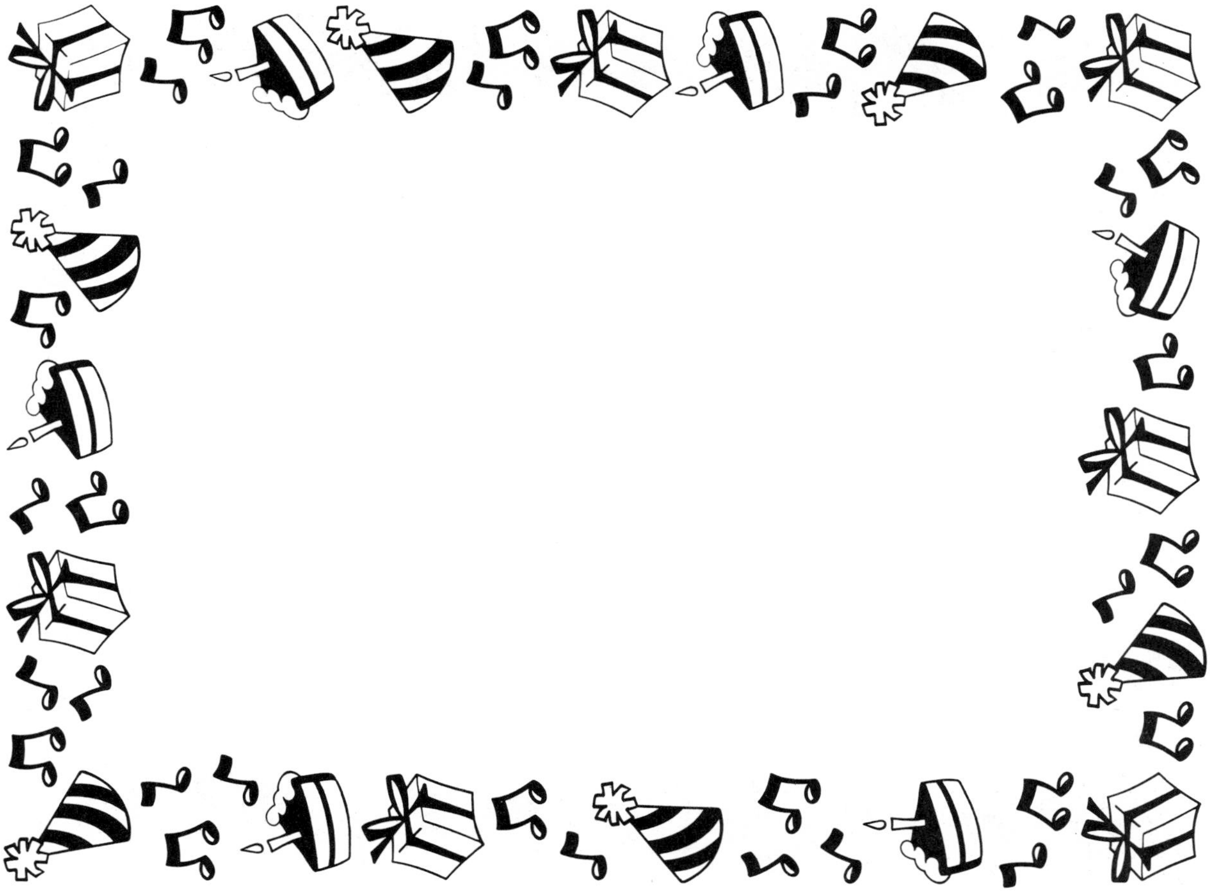

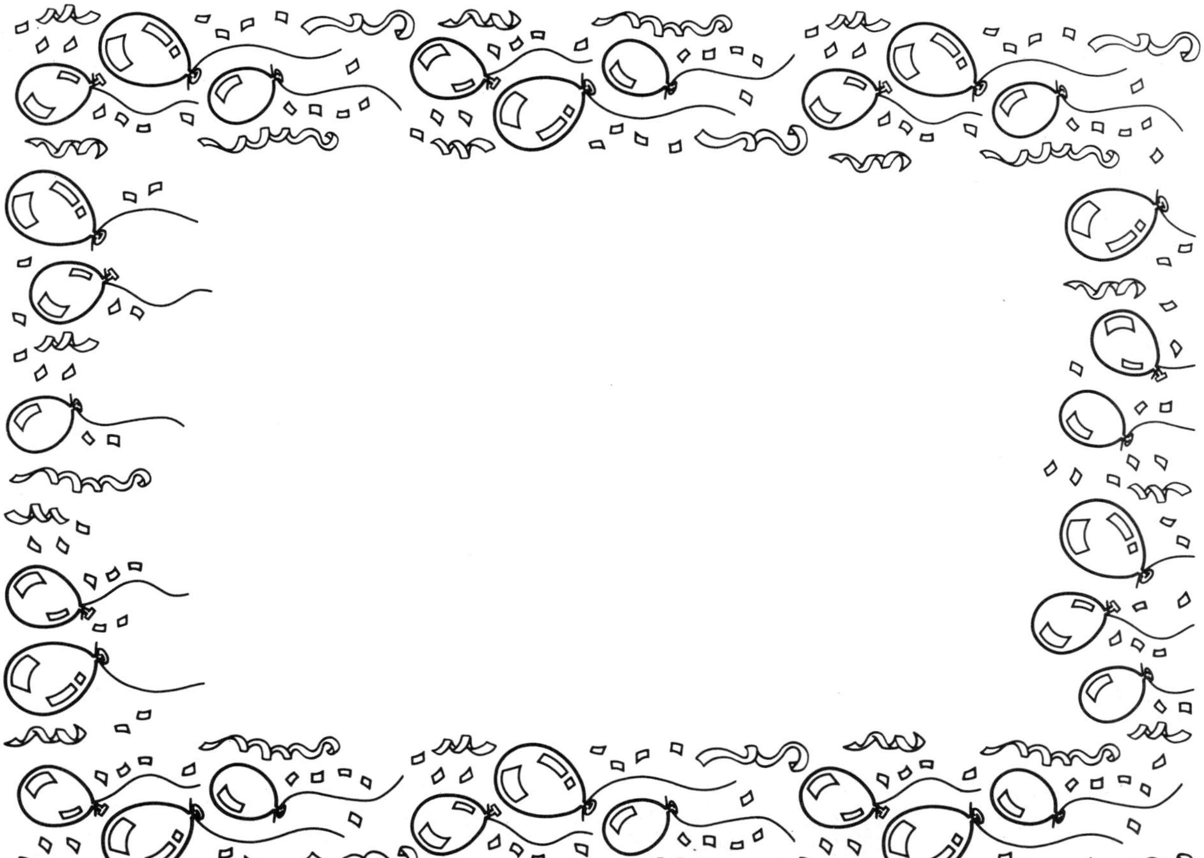

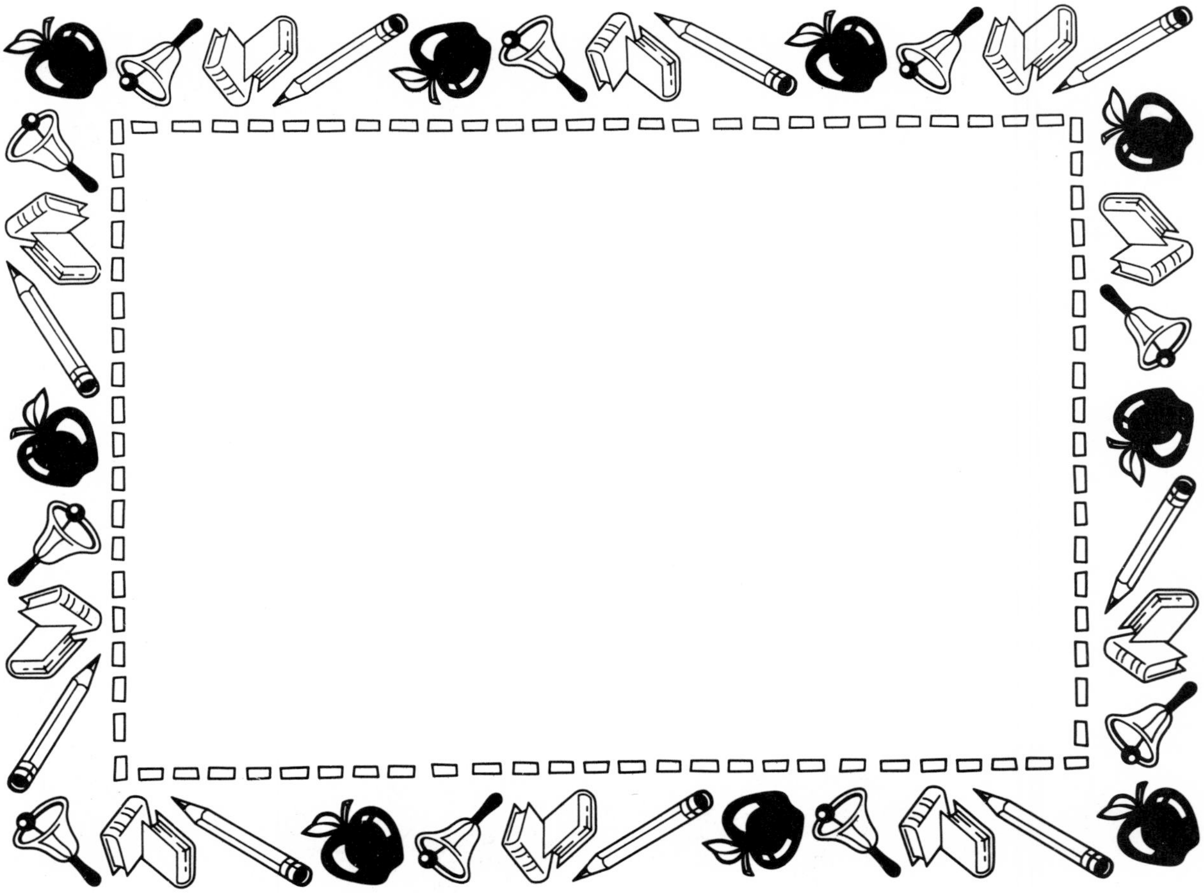

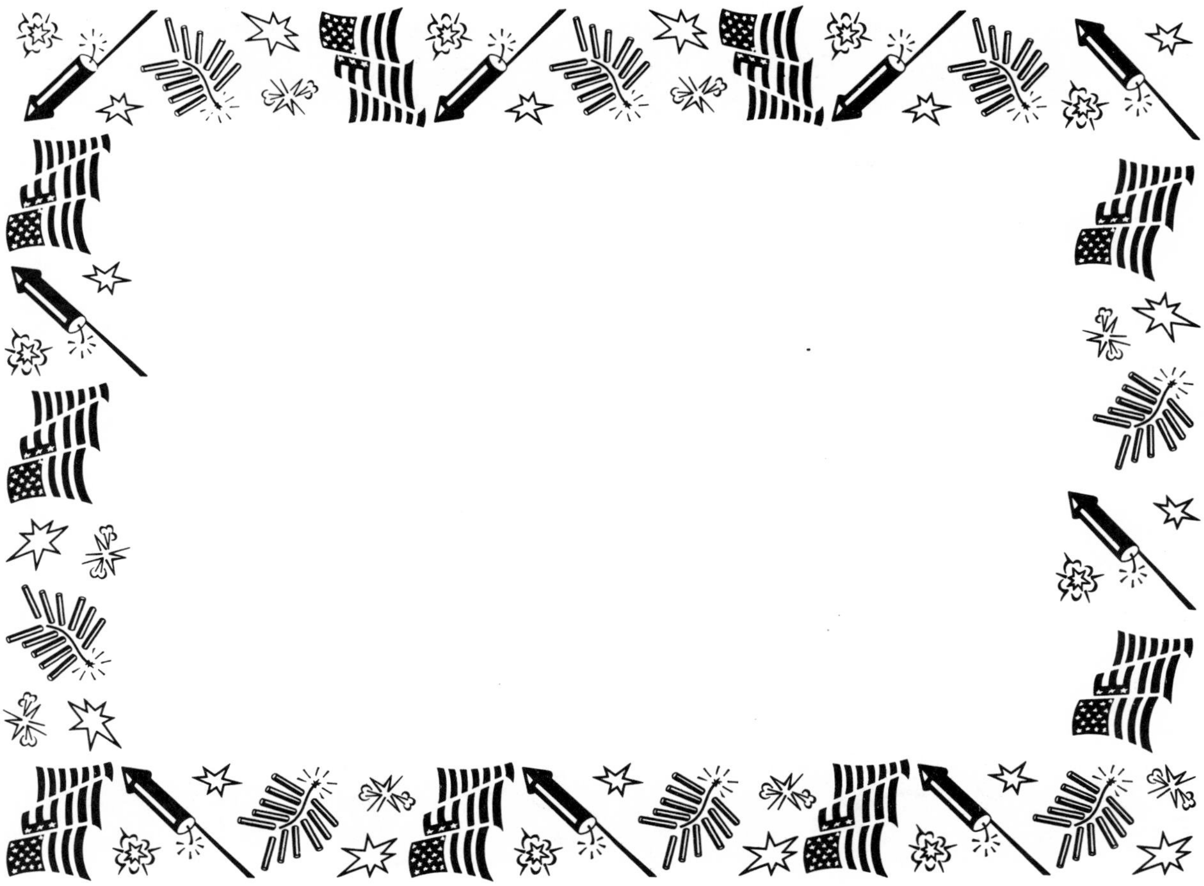

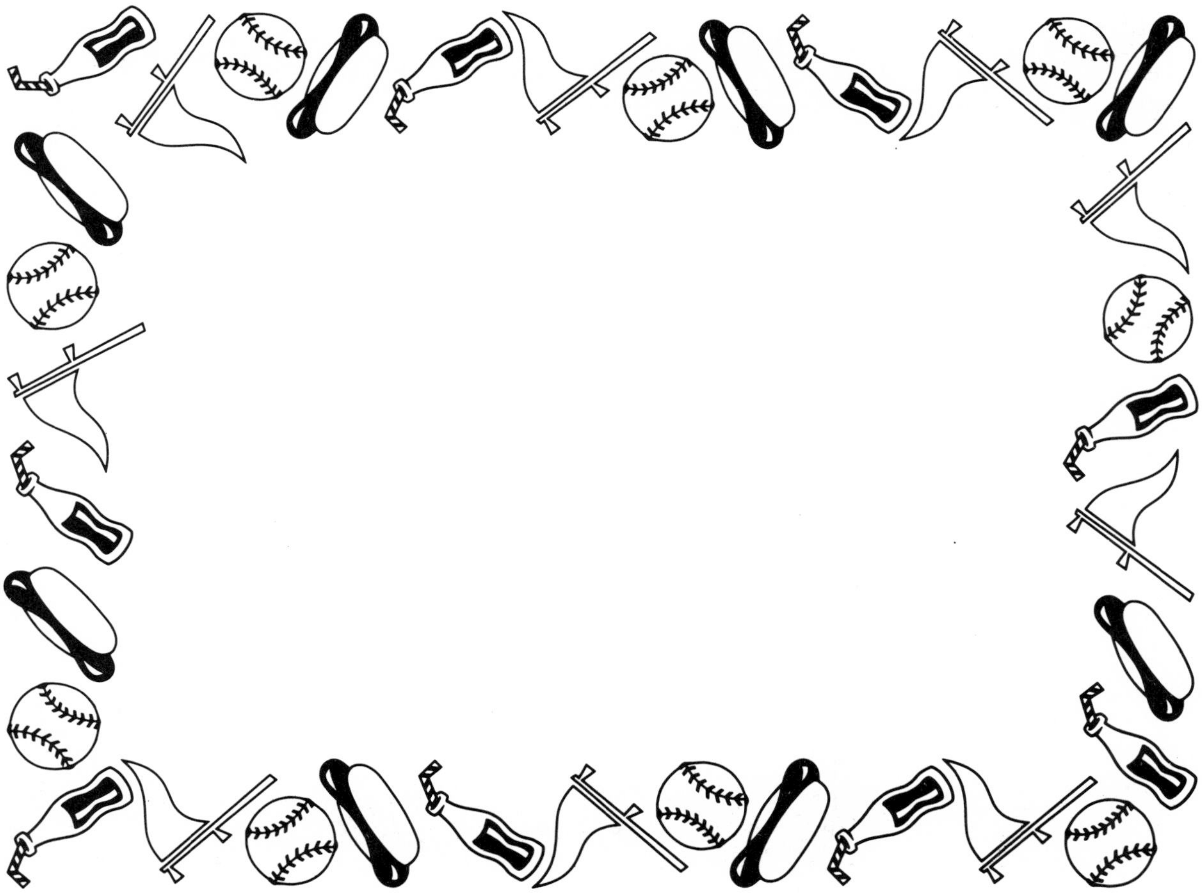

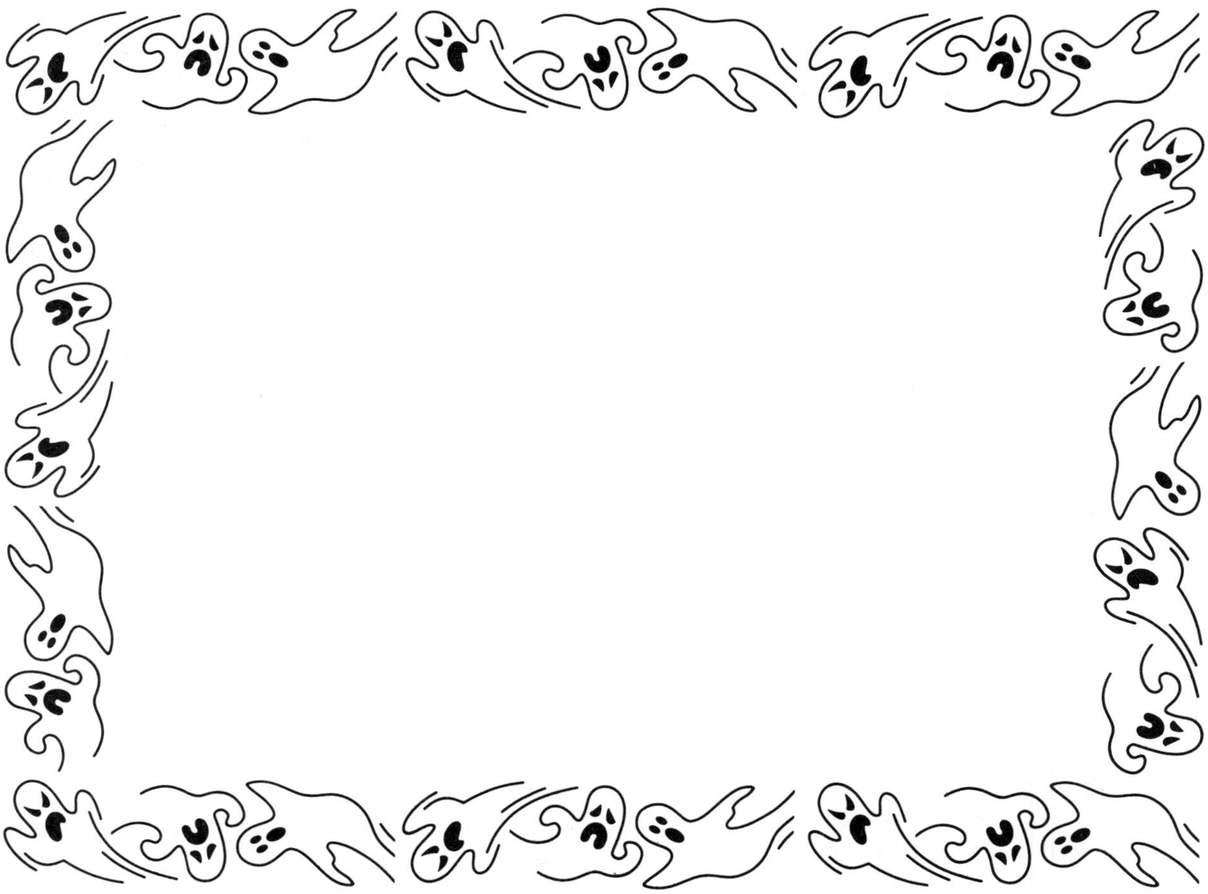

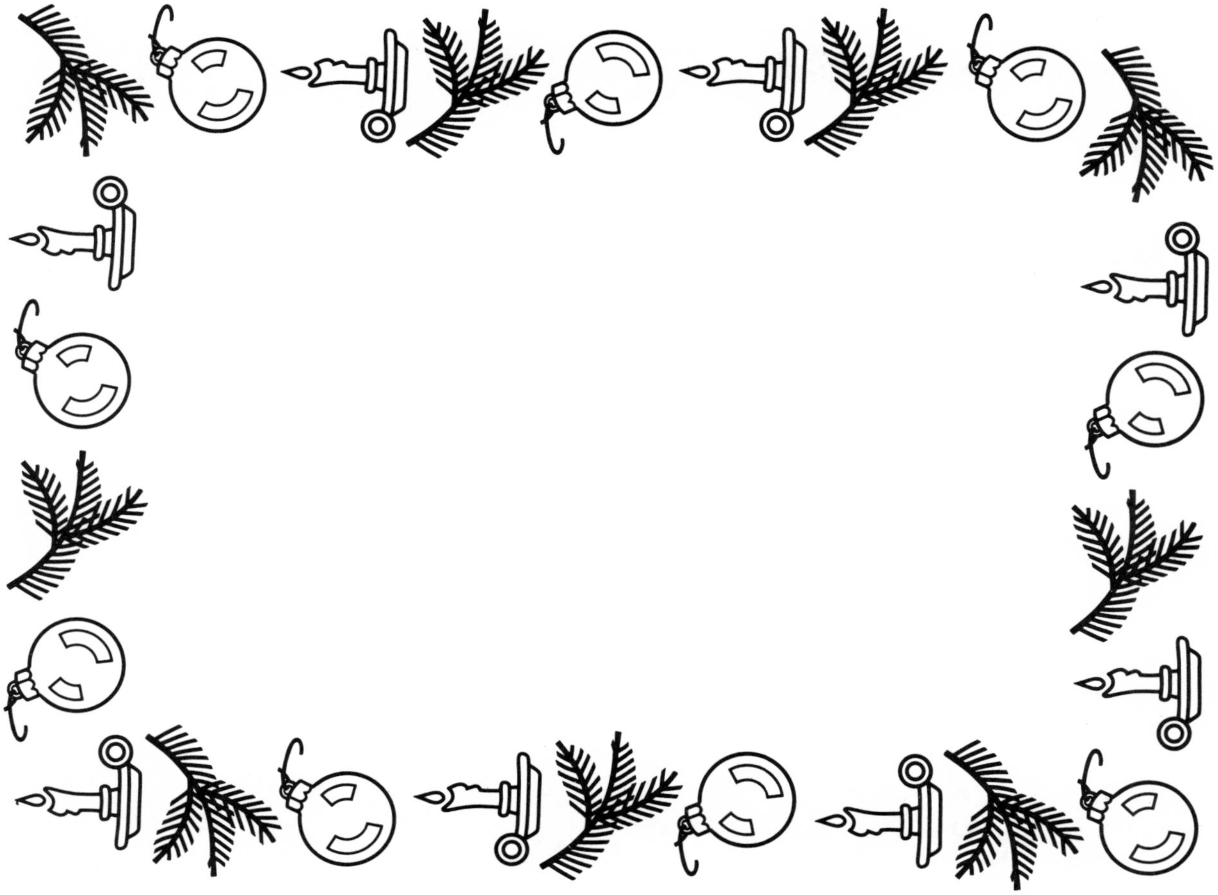

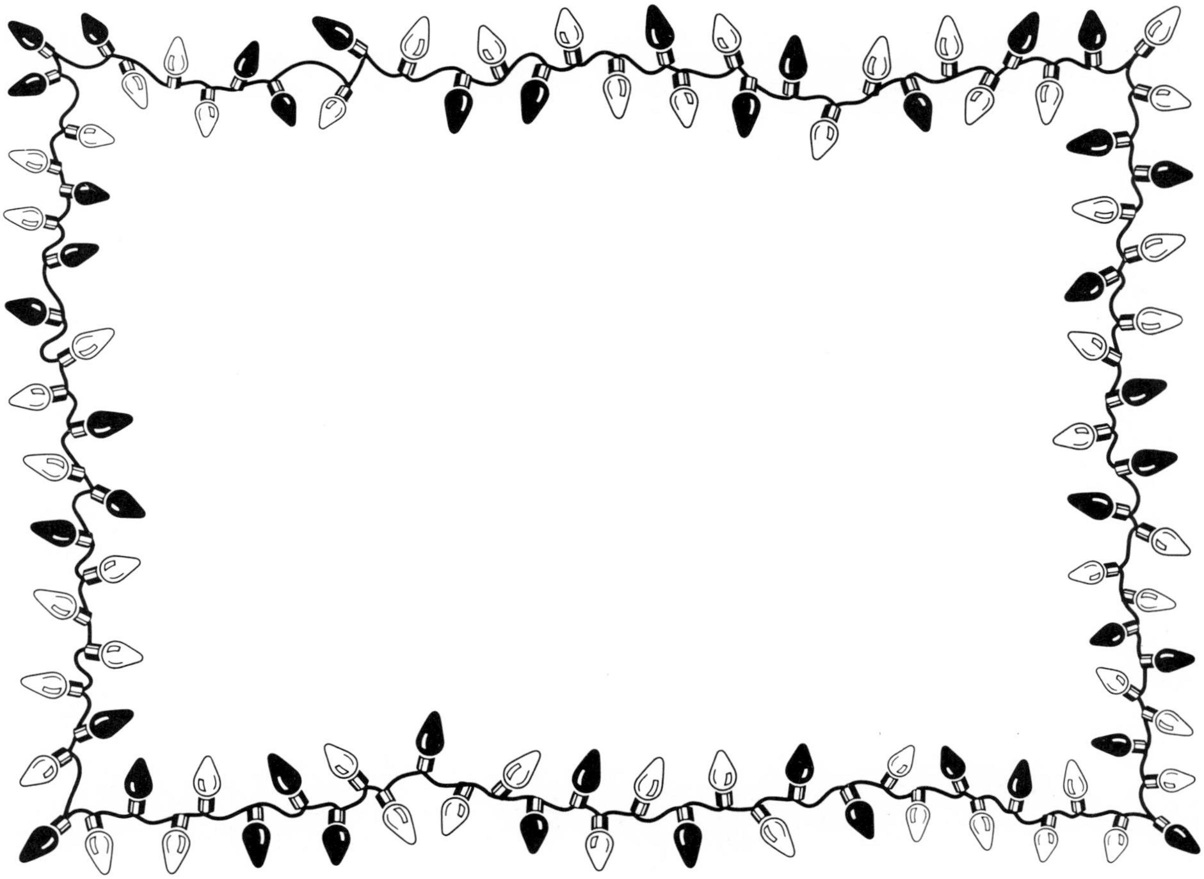

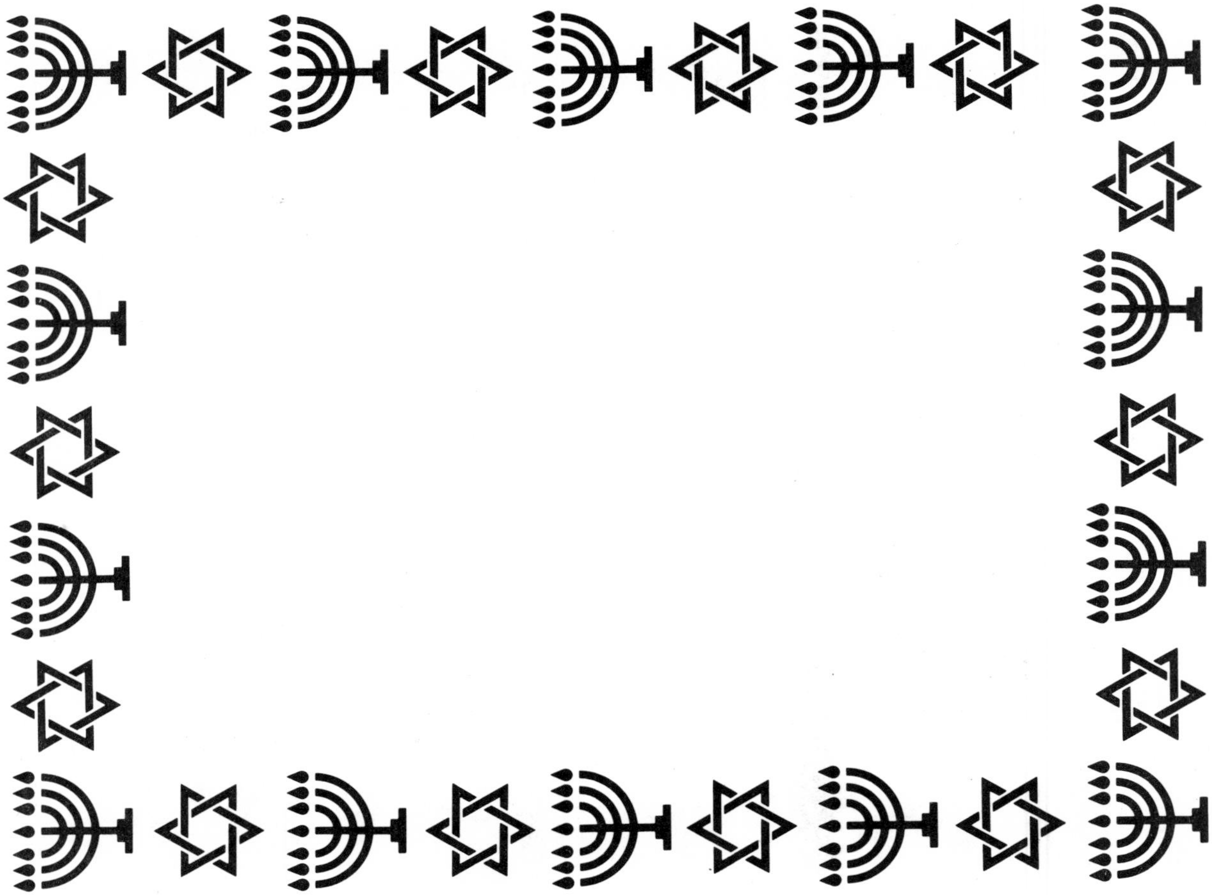